sociología
y
política

El autor

Duncan Kennedy es el miembro más destacado e influyente de los Critical Legal Studies *[Estudios Críticos del Derecho], la corriente estadounidense de la teoría crítica del derecho. Estudió en la Escuela de Derecho de la Universidad de Yale y desde 1971 es profesor de derecho en la Universidad de Harvard. Sus escritos sobre teoría crítica, jurisprudencia y derecho privado se encuentran entre los más leídos y citados en el ámbito académico anglosajón. Entre sus libros más importantes, cabe mencionar* Legal Education and the Reproduction of Hierarchy *(1983),* Sexy Dressing Etc. Essays on the Power and Politics of Cultural Identity *(1993),* A Critique of Adjudication (Fin de siècle) *(1997),* The Rise and Fall of Classical Legal Thought *(2006), y* Legal Reasoning. Collected Essays *(2008). En nuestro fondo editorial, ha publicado* Izquierda y derecho. Ensayos de teoría jurídica crítica *(2010), y* La enseñanza del derecho como forma de acción política *(2012).*

duncan kennedy
abuso sexual y vestimenta sexy
cómo disfrutar del erotismo sin reproducir la lógica de la dominación masculina

traducción y edición al cuidado
de guillermo moro

siglo veintiuno
editores

grupo editorial
siglo veintiuno

siglo xxi editores, méxico
CERRO DEL AGUA 248, ROMERO DE TERREROS, 04310 MÉXICO, DF
www.sigloxxieditores.com.mx

siglo xxi editores, argentina
GUATEMALA 4824, C1425BUP, BUENOS AIRES, ARGENTINA
www.sigloxxieditores.com.ar

anthropos
LEPANT 241, 243 08013 BARCELONA, ESPAÑA
www.anthropos-editorial.com

Kennedy, Duncan
Abuso sexual y vestimenta sexy: Cómo disfrutar del erotismo sin reproducir la lógica de la dominación masculina.- 1ª ed.- México: Siglo XXI Editores, 2016.
168 p.; 13x20 cm.- (Sociología y política)

Traducción de Guillermo Moro // ISBN 978-607-03-0755-3

1. Abuso sexual. I. Moro, Guillermo, trad. II. Título.
CDD 362.829

Esta edición de Siglo XXI Editores S.A. de C.V, ha sido realizada con la autorización de Siglo XXI Editores Argentina

Título original: *Sexual Abuse, Sexy Dressing and the Eroticization of Domination*

© Duncan Kennedy
© 2016, Siglo Veintiuno Editores Argentina S.A.

primera edición, 2016
© Siglo XXI Editores, S.A. de C.V.

ISBN 978-607-03-0755-3

Derechos reservados conforme a la ley
Impreso en Litográfica Ingramex, S.A. de C.V.
Centeno 162-1
col. Granjas Esmeralda, del. Iztapalapa
09810 Ciudad de México

Índice

Introducción 11

1. **La regulación jurídica del abuso sexual** 19
   Una definición del abuso sexual 19
   El tratamiento jurídico del abuso sexual 23
       Las normas jurídicas positivas que regulan el abuso 24
       La administración de las normas jurídicas positivas 26
       La tolerancia del abuso y sus consecuencias 27

2. **El conflicto de intereses entre hombres y mujeres con respecto a eliminar el abuso sexual** 31
   El análisis de patologías/competencias 31
   El costo de las precauciones *versus* la carga
       del exceso de implementación 34
       Costos para las mujeres 35
       Beneficios para los hombres 36
   Negociando a la sombra de las leyes
       sobre abuso sexual 40

3. **El abuso sexual como disciplina** 45
   El mecanismo disciplinario 45
   Disciplina caracterológica 48
       El interés de los hombres en la identidad femenina 49
       Un apoyo y una crítica 53
   Problematizar el interés de los hombres en el abuso 58

4. Abuso sexual y vestimenta femenina   **65**
    Producción y regulación de la vestimenta sexy   66
    Vestirse sexy es desviarse de la norma
        de un ámbito determinado   67
    La subcultura de la vestimenta sexy y la agencia
        femenina   71
    La posición convencional: la vestimenta sexy
        provoca el abuso sexual   76

**5. El abuso y la resistencia en el lenguaje
    de la vestimenta sexy**   **97**

Conclusión. Un interés erótico en terminar
    con el abuso   **131**

Notas   **139**

Dedicado a la memoria de Mary Joe Frug

Introducción

Este ensayo aborda de manera conjunta dos temas que parecerían estar en las antípodas: el abuso sexual de las mujeres por parte de los hombres y el vestirse sexy. El abuso sexual es una cosa seria, de hecho aterrorizante, y a menudo consideramos que la moda, sexy o no, es algo trivial, sin importar qué cantidad de nuestro tiempo ocupe. Pero los temas están, sin embargo, vinculados en dos discursos opuestos. A uno de estos lo llamaré "posición convencional", en referencia al discurso de la cultura estadounidense dominante o tradicional sobre la sexualidad y el sexo. Según esta posición, el vestirse sexy está ligado al abuso porque a veces lo causa. Al otro discurso lo denominaré "feminismo radical", para distinguirlo del feminismo liberal, del socialista, del cultural y del posmoderno. En este discurso, el abuso sexual es un factor constitutivo en el régimen del patriarcado que se refleja y reproduce en la moda. El abuso es la causa del vestirse sexy, no al revés.

Aunque en este ensayo critico tanto la posición convencional como la del feminismo radical, no soy neutral entre ellas. Soy un varón blanco heterosexual de clase media intentando asumir mi lugar en la cultura sexual que ha formado mi identidad. La posición convencional es mi antítesis; el feminismo radical es una promesa, pero también una amenaza.[1] Promete una mejor comprensión, vías de cambio y una posible alianza política en pos de trascender nuestro régimen de género. Amenaza la posibilidad de respetarme a mí mismo como hombre heterosexual.

Tanto la promesa como la amenaza se derivan del poder de análisis del feminismo radical sobre la erotización de la dominación. Me refiero a la noción de que el régimen del patriarcado construye la sexualidad masculina y la femenina de tal manera que tanto hombres como mujeres se excitan con vivencias e imágenes de dominación masculina sobre las mujeres. Acepto estas aserciones del feminismo radical: el abuso tiene un rol central y no periférico en nuestra sexualidad. La sexualidad tiene un rol central y no periférico en la dominación masculina. Fenómenos "meramente personales" como el sexo y la vestimenta son formas de participación política en el régimen del patriarcado. La cuestión, entonces, radica en si es posible que los hombres y mujeres heterosexuales sean sexuales y sientan placer dentro del régimen sin colaborar con la opresión.

Me acerco a esta cuestión dando un rodeo. En el capítulo 1 defino el abuso sexual y describo el régimen jurídico que a la vez lo restringe y lo tolera. En el capítulo 2 presento un análisis tentativo de cómo funcionan las normas jurídicas sobre abuso sexual en la distribución de poder y bienestar entre hombres y mujeres. En el capítulo 3 abordo el rol del abuso sexual en la regulación del comportamiento femenino y en la constitución de identidades masculinas y femeninas.

Estos capítulos sustentan dos ideas. Primero, existe un conflicto de intereses al menos aparente entre hombres y mujeres con respecto a la prevención del abuso sexual. Los hombres, y en particular los que no abusan de las mujeres, resultan afectados de muchas maneras por la negativa social a hacer más en contra del abuso. Parece plausible afirmar que los hombres consideran que muchos de estos efectos son beneficios. Un esfuerzo serio para reducir el abuso debe afrontar de un modo u otro el interés masculino en perpetuarlo.

Segundo, buena parte del abuso sexual es "disciplinario", en el sentido de que funciona para reforzar las normas sociales del patriarcado. Estas normas cubren un espectro que va desde lo muy específico (normas sobre la vestimenta) hasta lo "caracterológico" (normas sobre lo que "debería gustarle" a un hombre o a una mujer antes que sobre sus comportamientos particulares). El capítulo 3 también introduce el (se apropia del) análisis del feminismo radical sobre cómo la formación del carácter a través de la sexualización de la dominación masculina funciona para sostener el régimen general del patriarcado. Intenta una crítica "minimalista" de esa posición, basada en una analogía con la crítica neomarxista al marxismo ortodoxo por sobrestimar la coherencia interna y el poder homogeneizador del capitalismo. Después sugiere la posibilidad del "placer/resistencia" en el vientre del monstruo.

El capítulo 4 sostiene que las prácticas de las mujeres relacionadas con su manera de vestirse son sitios de conflicto dentro del régimen antes que su simple reflejo. Numerosas subculturas vagamente definidas desafían la posición convencional sobre el vestirse sexy (la que lo considera una forma de mala conducta femenina que explica y de hecho justifica el abuso). Entre ellas la comunidad feminista, con su propia versión de qué es lo que está mal en la práctica y en la respuesta convencional a ella. Pero también hay una subcultura pop de vestimenta sexy con una interpretación bastante diferente, así como otras tendencias ideológicas. Las mujeres, a quienes no les queda otra opción que vestirse de algún modo dentro de este sistema de normatividades en disputa, no actúan ni como meras herramientas del patriarcado ni como los sujetos autónomos de la teoría liberal.

El capítulo 5 trata sobre el significado sexual de la moda y, de forma específica, sobre el complejo de significados asociados con la vestimenta femenina que se desvía de la norma apropiada para determinado ámbito en dirección hacia lo sexy. Un análisis semiótico de la vestimenta como producción de signos socialmente significativos respalda el análisis feminista según el cual los atuendos sexys están cargados de alusiones al abuso y son un factor en la erotización de la dominación de los hombres sobre las mujeres. Pero el mismo análisis sugiere la posibilidad del placer/resistencia a través de la vestimenta sexy, y sobre todo la posibilidad de erotizar la autonomía sexual femenina.

La conclusión retoma uno de los temas ya tratados, mostrando que la realidad del abuso de los hombres sobre las mujeres sofoca o desincentiva las actividades de la fantasía, el juego, la invención y el experimento, que son las únicas que nos permiten tener alguna esperanza de evolucionar o trascender nuestras modalidades actuales de sexualidad masculina y femenina. Por esta razón, sostengo que los hombres tienen al menos un interés potencial en luchar contra el abuso.

Como se desprende de este resumen, mi concepción está fuertemente condicionada por mi posición social en tanto hombre blanco heterosexual de clase media. No me parece necesario dar explicaciones y pedir disculpas por mi inhabilidad para escribir desde un lugar distinto del que ocupo. Pero mi voluntad, o más aún, mi deseo de escribir sobre este tema desde esta posición le debe mucho al surgimiento, en los años ochenta, de lo que llamaré "posmodernismo feminista prosexo",[2] caracterizado desde mi perspectiva por los trabajos de Jane Gallop,[3] Judith Butler[4] y Mary Joe Frug.[5] Como el de ellas, mi enfoque está muy influenciado por el estructuralismo[6] y el posestructuralismo,[7] pero no me considero un feminista más de lo que me considero un nacionalista negro.[8]

La mayor parte de lo que tengo para decir es *sobre* la existencia del hombre blanco heterosexual de clase media en el terreno de la sexualidad. Este enfoque puede parecer perverso. Adopta la "perspectiva del perpetrador", con la esperanza de cambiarla, en vez de la "perspectiva de la víctima".[9] Toma la heterosexualidad, la raza y la clase como sistemas provisorios de significados y cargas, en vez de problematizarlos como completamente despiadados. Y presupone el sistema de dominación masculina, tratándolo como algo a reformar o alterar, en vez de intentar verlo desde fuera. Por cierto, ignoro si con todas estas limitaciones todavía es posible decir algo que valga la pena.

La primera mitad de este ensayo es una especulación sobre las ganancias y las pérdidas que se derivan, para diferentes clases de hombres y mujeres, de la tolerancia del abuso, de las normas que el abuso impone, y de la particular construcción social de la sexualidad masculina y femenina en la que el abuso está implicado. Parece riesgoso hablar de este tema en este lenguaje, el lenguaje de análisis de costos y beneficios propio del análisis económico del derecho (*law and economics*).[10]

Ese lenguaje impone distancia, objetifica, simplifica, aliena. Habla como si todas las personas con todos sus diferentes costos y beneficios fueran la misma persona, y como si el dolor intenso y el placer malvado pudieran ser "agregados" en masas indiferenciadas de "utilidad e inutilidad" con "pesos" que deben ser comparados. Habla como si el abuso no fuera una práctica con un valor moral inherente –y por lo tanto algo que puedo querer condenar o apoyar– desde una posición tecnocrática neutral, de acuerdo con lo que arrojen los números.

Se suma al peligro el hecho de que el abuso sexual sea un tema erotizado. Muchos hombres y mujeres, entre los que hay unos cuantos con serias convicciones feministas, vivencian algunas imágenes y escenarios de fantasía vinculados al abuso, incluidas la dominación sexual y la violación, como sexualmente excitantes, más allá de que también desaprueben o teman estas cosas y carezcan de un deseo consciente de abusar o ser abusados en la vida real. Una razón para hablar de este tema únicamente en un lenguaje de horror es que ese lenguaje es una especie de antídoto contra el aterrador poder lascivo de las imágenes que evoca. Irónicamente, el lenguaje neutral del análisis de costos y beneficios sugiere voyeurismo.

La virtud del análisis de costos y beneficios radica en que nos fuerza a concentrarnos en el aspecto del abuso que el lenguaje del horror niega, a saber, en el conflicto de intereses entre hombres y mujeres, así como al interior de cada uno de esos grupos, que queda oculto cuando reaccionamos de manera visceral. Estos conflictos no pueden dejarse de lado mediante un acto de voluntad, y tienen un profundo efecto sobre la política de la sociedad en términos de lo que diversas instituciones terminan haciendo cuando han realizado denuncias más o menos francas.

Si los hombres y las mujeres se benefician de diversos modos con el abuso es importante decirlo, porque es probable que el *interés* masculino vulgar en el abuso se traduzca en el control masculino de los procesos legislativos, judiciales y administrativos. Si los hombres tienen otros intereses, a menudo no reconocidos, de tipo extramoral, material, erótico o estético en reducir o eliminar el abuso, es importante explicitarlo. Estos intereses, si se los reconoce, pueden influenciar a la clase dirigente masculina. La meta no es hacer un cálculo neutral, sino encuadrar un argumento.

Existe otra razón, más compleja y problemática, para mi decisión de emplear este lenguaje. Puedo afirmar, y sentir, que la única actitud moralmente plausible hacia el abuso sexual de las mujeres es estar en contra porque es repugnante. Pero esta manera de presentarlo ya contiene una mentira, porque (que yo recuerde) no he vivido el abuso sexual. Por lo tanto, cuando sostengo que es algo horrible, quiero decir que es horrible *tal como lo representan* personas a las que yo les creo. Si voy a referirme al abuso, tendré que poder representarlo yo también, y no a partir de la experiencia.

Es importante evitar todo tipo de retórica diseñada para liberarme de la situación moralmente comprometida en la que me encuentro al ser miembro del grupo –todos los hombres– que se beneficia, de ciertas maneras, hasta cierto punto, del abuso. El análisis de costo-beneficio utiliza un lenguaje claramente generizado, desarrollado por –e identificado con– hombres, que hablo casi como si fuera mi lengua nativa. Valoro sus posibilidades de poder, su elegancia y su carácter (distanciadamente) perspicaz, aunque muchas otras personas (mujeres y hombres) no lo hagan. Esa voz es más "auténtica", *para mí*, que la de la sensibilidad masculina que invierte su género, esa voz de empatía total con las mujeres como víctimas. Esto es así aun si advierto que este lenguaje (que "habla por mí") me constituye como sujeto de maneras que no me gustan y que considero peligrosas, e incluso si quisiera que fuera un vehículo diferente, más apto.

1. La regulación jurídica del abuso sexual

Este capítulo explica lo que entiendo por abuso sexual, por regulación jurídica del abuso sexual y por "residuo tolerado" del abuso. Mi definición de abuso es bastante acotada, pues se limita a la conducta que la mayoría de los hombres y mujeres en nuestra sociedad consideran claramente mala o inmoral. Esto deja fuera todos los casos en que la moralidad de la conducta es discutible, y en particular aquellos en que muchos o la mayoría de los hombres no ven nada malo mientras muchas o la mayoría de las mujeres ven que hay algo muy malo. Me parece que la definición masculina convencional de, digamos, el acoso sexual o la violación por parte de un conocido (*date rape*) es muy limitada y que gran parte del comportamiento masculino aceptado es abusivo. Pero mi propósito es sostener que incluso en los casos en que no hay discusión existe un profundo conflicto de intereses entre hombres y mujeres.

Una definición del abuso sexual

Este ensayo aborda dos tipos de agresión masculina contra las mujeres. El primero es el de los hombres que emplean la fuerza, amenazas de fuerza, conductas atemorizantes o degradantes (insultos sexuales) y amenazas de esos comportamientos (la ceja enarcada que advierte "Cuídate o verás lo que te pasa") contra las mujeres. El segundo es el de los hombres que se aprovechan de la "incapacidad" femenina –incluidos los casos de estupor inducido por drogas o alcohol–, del desamparo de las niñas y de la vulnerabilidad emocional que a veces afecta a las mujeres en situación de dependencia en las relaciones de confianza.

El comportamiento es abuso sexual, tal como se lo define aquí, cuando: a) se entiende que es algo que "los hombres les hacen a las mujeres", al menos en parte "porque son mujeres"; b) la mayoría de la gente lo condena, como ocurre hoy en nuestra sociedad; y c) está jurídicamente restringido, al menos una parte del tiempo. No pretendo sugerir que las mujeres nunca les hagan estas cosas a los hombres, o que los hombres no se las hagan a otros hombres, y las mujeres, a otras mujeres. Pero me referiré a los comportamientos, a su tratamiento jurídico y a sus consecuencias sólo en el contexto de hombres que abusan de mujeres.

Las prácticas de las que me ocuparé incluyen:

a) en el ámbito doméstico: el homicidio de la esposa (o de la pareja), la agresión doméstica, la violación de la esposa (o de la pareja) y el incesto padre-hija;
b) en el ámbito profesional: la victimización sexual de las pacientes, clientas, feligresas y estudiantes perpetrada por médicos, psiquiatras, abogados, clérigos y profesores (desde el jardín de infantes hasta la universidad);
c) en el ámbito laboral: el abuso sexual a cambio de favores o el que crea un ambiente hostil en el lugar de trabajo a la manera del que da lugar a responsabilidad civil, y el homicidio, la violación, el abuso físico o la esclavización sexual de prostitutas y otras trabajadoras sexuales por parte de proxenetas, policías, cafishos y otros empresarios del sexo;

d) en el ámbito de "la calle": el asesinato por motivos sexuales de mujeres desconocidas, la violación de desconocidas y el acoso callejero a las mujeres, con o sin contacto ofensivo; y
e) en el ámbito de las "relaciones entre conocidos": la violación de la pareja y las violaciones en grupo cometidas por estudiantes pertenecientes a fraternidades universitarias.

La idea de que "los hombres les hacen estas cosas a las mujeres" al menos en parte "porque son mujeres" es compleja. El punto inicial es una lisa y llana aserción de hecho: en muchos casos particulares los observadores interpretan que el comportamiento abusivo está motivado por algo más que el deseo de dinero o de poder "indiferente al género", la furia "indiferente al género" u otras motivaciones similares.

Las dos interpretaciones más familiares desde una perspectiva de género son: a) que los deseos sexuales del hombre, de alguna forma directa o indirecta, "normal" o "perversa", consciente o inconsciente, tuvieron algo que ver; y b) que el entendimiento del hombre sobre el comportamiento de rol adecuado de una mujer –ya sea con respecto a la obediencia o a la deferencia o al cuidado o al sexo– tuvo algo que ver. La mayor parte de las interpretaciones involucra ambos elementos.

El abusador sexual escoge entre las víctimas posibles sobre la base del género, pero no de una manera necesariamente ciega al interior de la categoría de las mujeres. Puede atacar a su hija, o a mujeres que usan tacones altos, o a mujeres sumisas, o a mujeres que tienen el poder de supervisar su trabajo. Cualesquiera sean las particularidades del caso, nuestro entendimiento común es que el género, en alguna de sus infinitamente complejas (socialmente construidas) manifestaciones ha tenido algo que ver.

Más aún, los casos se ubican en un conjunto familiar de categorías, o guiones, limitado pero siempre abierto a la expansión o la elaboración. Algunos de estos guiones son los del asesino serial de mujeres, el golpeador que viola a su esposa cada vez que le da una paliza, el acosador en el lugar de trabajo que decora su oficina con fotos de revistas para hombres y les pide a todas o a la mayoría o a ciertas mujeres que por algún motivo entran allí que reparen en ellas y las comenten, o el que frota a las mujeres en el subterráneo.

Una de las maneras en que atribuimos una motivación sexual al comportamiento es interpretándolo como un tipo de comunicación que utiliza el código que el guion provee. Al matar mujeres de un modo determinado, el asesino serial parece estar diciéndonos algo respecto de lo que hizo, acerca de su visión de las mujeres o de un tipo particular de mujeres (su víctima típica), confiando en nuestra comprensión del significado *convencional* que la sociedad da a las acciones de los actores que ejecutan su parte (la de él y la de ella) en el guion.

Como sucede con cualquier sistema de signos, siempre cabe la posibilidad de que sus intenciones "reales" hayan sido bastante distintas de las que convencionalmente se le atribuyen a su perfil (tal vez el acosador en el lugar de trabajo sólo pretendía obtener un aumento salarial intimidando a su jefa). Habría utilizado un guion diferente si su supervisor hubiera sido un hombre, pero de todos modos habría hecho algo para obtener un aumento. Y también es posible emplear "mal" el lenguaje, hacer cosas que comuniquen exactamente lo opuesto de lo que se intenta comunicar, como en el caso del acosador genuinamente "insensato" que sólo estaba "tratando de que sean amigos" y se mortifica cuando descubre que ha ofendido a la otra persona.

Agregar la idea de un guion a la idea de una intención tiene tres propósitos. Nos permite enfocarnos en patrones particulares de conducta con significados y efectos sociales importantes, sin la necesidad de preocuparnos en cada caso por el estado interior del abusador, que a menudo es incognoscible. También nos permite examinar las respuestas típicas de las mujeres al abuso. Dado que los guiones son parte del conocimiento social de todos los miembros de la sociedad, es posible que las mujeres piensen y actúen por anticipado para evitarlos si fuera necesario. Y para cada guion en que el abusador interactúa con la víctima en vez de, por ejemplo, dispararle en la espalda por sorpresa, hay varias respuestas femeninas guionadas entre las que una mujer *tal vez* puede elegir.

Por último, es difícil entender los regímenes jurídicos que gobiernan los distintos tipos de abuso si no los vemos como respuestas a un conjunto limitado pero variable de patrones de interacción. La jurisprudencia en materia de abuso sexual, violación de la pareja y daños por infligir intencionalmente padecimiento emocional constituye una reflexión colectiva muy elaborada y consciente sobre estos patrones sociales. Las detalladas reglas civiles y penales al interior de cada categoría responden a variaciones similares en los guiones básicos tanto de los roles masculinos como femeninos (¿puede ser acoso si los únicos actos alegados son invitaciones a tener una cita?; ¿qué sucede cuando la esposa golpeada asesina a su marido mientras duerme?; ¿es violación si el hombre sólo formula amenazas verbales y la mujer no presenta ningún tipo de resistencia?).

El tratamiento jurídico del abuso sexual

El objetivo de este apartado es describir el impacto que tienen dos aspectos de la realidad jurídica. En primer lugar, hay normas primarias que definen qué comportamientos de los hombres darán lugar a una imputación de responsabilidad. En segundo lugar, el impacto de todo el complejo de reglas procesales relativas a temáticas tales como cuánto corresponde invertir en la implementación de las normas, y el ejercicio de discreción por parte los funcionarios públicos y los abogados. A grandes rasgos el planteo evoca la distinción entre "el derecho en los libros" (las normas jurídicas sobre la conducta bajo examen) y "el derecho en acción" (el impacto del sistema como un todo sobre esa conducta).

Lo que queda excluido por completo es el impacto del discurso jurídico, es decir, lo que los jueces, abogados y otros operadores y escritores jurídicos dicen respecto de por qué hacen lo que hacen. Lo que me concierne son las reglas desarrolladas por la jurisprudencia o el texto de la Ley para la Prevención de Abusos (*Abuse Prevention Act*)[11] sobre cómo deben manejar los agentes de policía las llamadas por violencia doméstica, pero no los debates legislativos o las reflexiones del Tribunal Supremo de Nueva Jersey sobre el síndrome de la mujer golpeada.

Creo que el discurso jurídico que describe, explica, justifica y cuestiona el sistema jurídico y que, al hacerlo, representa complejamente a toda nuestra sociedad es parte importante del discurso general sobre la autoridad en nuestra sociedad. Lo que dicen los jueces sobre qué es el abuso sexual y por qué es malo contribuye a moldear actitudes, tal como lo hicieron las decisiones judiciales en los primeros casos contra la segregación racial. No obstante, no me referiré a eso. Mi perspectiva es holmesiana.[12]

Las normas jurídicas positivas que regulan el abuso

El aspecto más importante de la definición jurídica del abuso es que representa un conjunto complejo de intereses en conflicto y, al mismo tiempo, una condena moral hacia un tipo de comportamiento que el común de la gente desaprueba. Hay muchas acciones que la mayoría de las personas considerarían instancias claras de abuso sexual, y ciertamente malas, que sin embargo no son ilegales. Constituyen *damnum absque injuria*, o daño sin acción antijurídica. Algunos ejemplos obvios son la violación marital allí donde la legislación no ha sido reformada, la violación efectuada sin resistencia mediante amenazas verbales creíbles, e instancias particulares de acoso sexual que no generan un "ambiente hostil".

Pero estos ejemplos relativamente bien conocidos son sólo una pequeña parte del cuadro general. Los compañeros de trabajo varones pueden hacer insoportable la vida laboral de una mujer, dentro de uno de los guiones habituales de abuso sexual, sin incurrir en conductas que caigan dentro de las pautas *EEOC*,[13] que requieren que el abuso presente algún contenido sexual manifiesto. Así, es posible que *todos* sepan que los subordinados varones están abusando de la jefa mujer porque es una "perra engreída" y que *todos* concuerden en que los subordinados no considerarían provocador un comportamiento idéntico por parte de un jefe varón. Pero si evitan ese guion específico que involucra agresión sexual manifiesta –el guion ilegal– pueden "salirse con la suya".

En la calle, es sencillo para un grupo de trabajadores de la construcción avergonzar o aterrorizar a una transeúnte sin cometer asalto dañoso o infligir intencionalmente daño emocional tal como estas conductas antijurídicas se encuentran definidas en la actualidad. Cuanto más resistente sea la víctima, menos chances hay de que pueda ser indemnizada por daños, incluso si en abstracto ella lograra establecer que hubo responsabilidad civil.

Para intentar medir el *damnum absque injuria* en el hogar, imaginemos la inexistente figura jurídica del daño sexual doméstico, que podríamos construir de manera especular a la del daño por acoso sexual en el lugar de trabajo. Incluiría exigencias de sexo respaldadas por amenazas de divorcio o separación (*quid pro quo*) y la creación de un ambiente doméstico hostil mediante avances sexuales no deseados y/o exposición a materiales degradantes, bromas o insultos sexuales no deseados. La causa para la acción estaría disponible para todas las mujeres en situaciones domésticas, o sólo para aquellas para quienes el divorcio o la separación probablemente tendrían consecuencias adversas serias, ya sea para ellas o para sus hijos.

Este ejercicio no demuestra que debamos modificar las normas para que incluyan todos los casos de abuso que hoy se consideran *damnum absque injuria*, aunque estoy a favor de que se realicen cambios profundos en esa dirección por las razones expuestas en estas páginas. En muchos casos particulares, es fácil explicar los límites de la responsabilidad por daños, y en algunos incluso podrían estar justificados dadas ciertas finalidades en competencia entre sí, entre ellas las de preservar la integridad administrativa del sistema jurídico, conservar recursos de uso para combatir otros males, y así sucesivamente. La "privacidad" y la "autonomía" suelen presentarse como intereses en competencia que justifican la tolerancia jurídica de conductas incuestionablemente inmorales y malas, y esto a mí *a veces* me parece plausible. Mi punto es que es una fantasía pensar que las normas jurídicas formales vigentes prohíben siquiera una pequeña parte de lo que la mayoría de la gente consideraría un abuso sexual injustificable. Por diversas razones –algunas buenas, otras malas– no lo hacen.

La administración de las normas jurídicas positivas

No parece necesario ir más allá de esquematizar las razones por las que una mujer que ha sufrido un daño jurídico incuestionable según las normas positivas que regulan las conductas abusivas podría no obtener algún tipo de compensación jurídica.[14] Primero, hay razones aplicables a todas las pretensiones jurídicas, no sólo a las vinculadas con el abuso sexual. Me refiero a las normas sobre procedimiento y prueba, incluidas aquellas que regulan la distribución de la carga de la prueba. Tomadas en conjunto, indican que con frecuencia las víctimas de abuso sexual sencillamente no pueden probarlo en los tribunales.

Luego está el obstáculo relativo a que el sistema jurídico no brinda una justicia gratuita, ni veloz, ni eficiente, ni humana. Una demanda civil puede tardar seis años en llegar a juicio. Por otra parte, no habrá demanda a menos que se pueda pagar un abogado o que el caso pertenezca a la limitada categoría de los suficientemente rentables como para llegar a un acuerdo de pago con el abogado sólo si el litigio se gana. En el aspecto penal, la policía y los fiscales atienden sólo una pequeña fracción de las denuncias creíbles que reciben.

Por razones que ya son familiares, los sistemas de justicia civil y penal son particularmente ineficientes para lidiar con casos de abusos sexual. Los problemas que existen para cualquier demandante se intensifican por la ambivalencia social respecto de las cuestiones planteadas por el abuso. La existencia de guiones familiares muy cargados –en los que las mujeres se lo merecen o lo inventan–, sumada al profundo desequilibrio de poder entre hombres y mujeres, hace que la prueba sea particularmente problemática. También es posible que exista un liso y llano conflicto de entendimiento entre las víctimas y el personal masculino relativamente "tradicional" en todas las partes del sistema jurídico.

La tolerancia del abuso y sus consecuencias
La combinación entre los límites del derecho positivo y el funcionamiento real del sistema jurídico da por resultado que los hombres pueden cometer, y de hecho cometen, numerosos abusos sexuales sobre las mujeres sin recibir por ello ningún tipo de sanción oficial. Aun cuando hipotéticamente la mayoría de las personas consideraría esa clase de conducta como mala y dañosa, no hay castigo ni tampoco compensación. Por supuesto, parece probable que habría abuso bajo cualquier sistema jurídico concebible, y parece claro que aun en completa ausencia de sanciones jurídicas habría un control social significativo de

esa clase de comportamiento mediante otros mecanismos. Pero también parece razonable suponer que el sistema jurídico afecta las prácticas abusivas, reduciendo su incidencia (probablemente) y canalizándolas a través de formas particulares (formas secretas, por ejemplo) sin siquiera acercarse a abolirlas.

El punto crucial para este ensayo es que *alguna* porción del abuso, lo que denominaré "residuo tolerado", se atribuye plausiblemente a decisiones sociales discutibles sobre qué es abuso y cuán importante es evitarlo. El derecho define el asesinato con bastante claridad y el "sistema" asigna sustanciales recursos a atrapar y castigar a los perpetradores. La violación la define de un modo mucho menos claro y le asigna menos recursos que a otros crímenes menos importantes.

En el extremo del espectro, el rol del sistema jurídico en el abuso de prostitutas perpetrado por consumidores y agentes de policía parece ser de mera tolerancia. El propio sistema genera las condiciones para los abusos que tolera al criminalizar la prostitución sin intentar abolirla. La legalización de la prostitución permitiría que las prostitutas recurrieran con mayor facilidad al sistema jurídico para defenderse contra la violación, la agresión física y la esclavitud sexual. También podría estimular un aumento de la prostitución, como asimismo la multiplicidad de sus formas, incluidas algunas un poco mejores que las que tenemos en la actualidad. Pero sigue siendo el caso que el abuso de las prostitutas es una consecuencia directa del balance particular que la sociedad ha escogido, antes que de la "naturaleza humana" o de los "límites de control social".

El resto de este ensayo se ocupa de las consecuencias de haber diseñado un sistema jurídico que condena en abstracto el abuso sexual de las mujeres por parte de los hombres mientras permite que se toleren muchas, muchísimas instancias claras de abuso dañoso. Explora dos maneras en que ese residuo tolerado es un factor en las vidas de hombres y mujeres. Primero, todos los hombres y las mujeres ganan y pierden con las prácticas de abuso, *sean o no* abusadores o víctimas en los hechos. Estas ganancias y pérdidas tienen un alcance mayor del que usualmente les asigna la retórica, tanto la de quienes minimizan el abuso como la de aquellos que intentan identificarlo y condenarlo.

Segundo, la evitación parcial y la tolerancia parcial generan un conjunto particular de incentivos para abusadores potenciales y potenciales víctimas, y también para el resto de la sociedad. Inducen a un comportamiento diferente del que ocurriría *tanto* en una sociedad que desalentara drásticamente el abuso como en otra que lo legalizara por completo. Las reacciones de hombres y mujeres a esta línea específica que hemos escogido trazar entre la sanción y la tolerancia tiene vastas consecuencias "indirectas" que se proyectan sobre las peculiaridades del comportamiento cotidiano y sobre la formación de identidades masculinas y femeninas.[15]

2. El conflicto de intereses entre hombres y mujeres con respecto a eliminar el abuso sexual

Este capítulo sostiene que hay un conflicto de intereses real y persistente entre hombres y mujeres respecto del residuo tolerado. Presento este argumento como una crítica a la posición "convencional" culturalmente generalizada que propugna que el problema del abuso tiene implicancias sólo o principalmente para la acotada categoría de hombres que abusan y mujeres que son abusadas. Mi respuesta es, primero, que la mayoría de las mujeres, sean o no victimizadas de hecho, tienen algo que ganar con la eliminación del residuo tolerado; y, segundo, que los hombres que no son victimarios tienen algo que perder.

El análisis de patologías/competencias

Una concepción bastante difundida del abuso sexual lo define como un comportamiento "patológico". En las inmortales palabras del senador Orrin Hatch, el abusador "no es normal". La idea subyacente es que los hombres pueden clasificarse por naturaleza en dos categorías: normales o anormales, estos últimos acaso pasibles de ser "curados" con terapia o experiencias religiosas. El abuso sexual es desviación. Que hay desviados es un hecho de la naturaleza. Su conducta se define exactamente por el hecho de que no es lo que hacen las personas normales. No tiene implicancias para las vidas de las personas normales, excepto para aquellas que son sus víctimas. Desde esta perspectiva la mayoría de nosotros, la mayor parte del tiempo, vivimos en un universo donde las normas jurídicas sobre el abuso sexual son irrelevantes porque las relaciones entre hombres y mujeres, por más jodidas que puedan estar en una u otra dimensión, son básicamente pacíficas y amistosas.

De acuerdo con esta concepción, el principal conflicto de intereses en este área tiene lugar entre abusadores y abusados, y es indudable que la sociedad debe tomar y de hecho toma partido por las víctimas en ese conflicto. Disuadir a los hombres para que no abusen y compensar económicamente a las mujeres resuelve el conflicto a favor de las víctimas concretas o potenciales y en contra de los hombres que abusan, con un costo marginal para los contribuyentes impositivos.

Si uno acepta esta posición, en primera instancia no habría casi nada que objetar al incremento radical de los esfuerzos sociales para terminar con el abuso. Cuanto más amplia sea la definición jurídica del abuso y más eficaz el sistema para responder a las violaciones, mejor estarán las mujeres, puesto que serán victimizadas en menos ocasiones y mejor compensadas cuando lo sean. Los únicos perdedores serían los miembros de una subclase patológica de hombres.

Pero existen otros elementos en esta idea popular del abuso que complican la situación. Si bien los casos claros de abuso son malos y patológicos, la posición convencional insiste en afirmar que son excepcionales, mucho más raros de lo que tenderíamos a pensar basándonos en la evidencia empírica limitada. La rareza es importante, sospecho, por dos razones. A menos que los casos sean raros, es difícil sostener la noción de que son "anormales" y patológicos. Y es difícil sostener que no juegan un rol estructural en las relaciones entre hombres y mujeres "normales".

La afirmación de rareza toma su plausibilidad en parte, sospecho, de la construcción social de un equilibrio entre acusaciones de abuso validadas y acusaciones de abuso rechazadas. La noción de que el abuso es común y estructuralmente importante *parece* ser refutada cada vez que una situación particular se interpreta según alguno de los guiones que desplazan el foco del supuesto abusador a la mujer involucrada.

Para la opinión popular siempre es una posibilidad real que lo que la mujer califica como abuso haya sido inventado, ya sea porque ella está loca o porque quiere arruinar al hombre. Otros casos de abuso son causados, desde esta perspectiva, por mujeres cuya naturaleza sexual las conduce a tentar o provocar de maneras tales que los hombres "normales" reaccionan con predecible violencia de uno u otro tipo. Estas mujeres "se lo merecen", de acuerdo con la opinión popular, o al menos no merecen demasiada empatía, y lo que les pasa no puede ser tomado como una indicación de un problema social general.

Por último, algunas mujeres saben cómo "cuidarse" o "manejarse", y otras no. Las mujeres competentes, desde la perspectiva estereotípica habitual, saben lidiar con el abuso en tres niveles. Primero, minimizan su probabilidad evitando comportamientos que podrían provocarlo, en especial actuar "como una víctima" y conducirse de una manera que "atraiga atención". Segundo, saben cómo responder en la etapa inicial de un guion de potencial abuso para orientar el curso de los acontecimientos en otra dirección. Saben cómo dejar pasar las bromas subidas de tono, pero comunican de modo firme y claro cuáles son sus límites y cuándo un hombre "se pasó de la raya". Tercero, saben reaccionar directa o indirectamente cuando está teniendo lugar un abuso, para así salvarse de un daño más grave. Abandonan al marido abusivo, gritan a voz en cuello para atemorizar al violador, chillan para poner en evidencia al compañero de oficina abusador antes de que este concrete su acción, y cuando corresponde solicitan la asistencia de redes informales de superiores, amigos, vecinos y parientes y recurren a los mecanismos formales del derecho.

La posición convencional concede que, aunque sepas manejarte bien, nunca es protección suficiente. La patología de los hombres abusadores es lo bastante profunda como para que las precauciones no los disuadan. No obstante, desde esta perspectiva, numerosos abusos se "explican" por la incompetencia de la víctima, antes que por la malevolencia o la locura del perpetrador. En verdad no "cuentan" como abusos, porque la víctima podría haberlos evitado si hubiera sabido cuidarse. Este desplazamiento de la culpa invita a las mujeres a pensar que sólo están en riesgo si hacen algo "malo", es decir, si protagonizan alguno de los guiones construidos sobre la responsabilidad de la víctima. Hay aquí una analogía con la cultura de los pilotos de prueba en *The Right Stuff*,[16] donde se insiste en atribuir la muerte de los pilotos a su falta de habilidad para volar, a pesar de que las estadísticas indican que casi todos ellos están condenados de antemano.

El costo de las precauciones *versus* la carga del exceso de implementación

A mi modo de ver, los principales problemas de la posición convencional son: a) que el abuso está tan extendido que no puede entenderse aplicando las categorías de anormalidad o patología; b) que la maniobra de culpar a la víctima permite a hombres y mujeres negar la realidad del abuso; c) que esta negación impide que los hombres y las mujeres reconozcan la manera ubicua en que el abuso estructura sus relaciones *en situaciones que parecen no tener nada que ver con ello*; y d) que el resultado es una ceguera ante el conflicto de intereses real entre hombres y mujeres en este área.

Este apartado se ocupa de los últimos dos puntos. Aquí la posición convencional subestima en gran medida el costo de la práctica actual para las mujeres y los potenciales costos para los hombres que conllevaría cambiarla. La perspectiva convencional es apologética: ve el status quo con un prisma rosado y al mismo tiempo soslaya los factores estructurales –en particular los intereses masculinos– que lo sustentan.

Costos para las mujeres

Supongamos que una mujer sensata no entra a un bar que no conoce en un barrio pobre por la noche sin un acompañante varón, ni siquiera para usar el baño, porque su presencia podría ser interpretada como un consentimiento anticipado a algún tipo de contacto sexual con alguno de los hombres presentes en el bar y cualquier negativa de contacto sexual probablemente conduciría a algún tipo de abuso. Supongamos que una mujer sensata que está profundamente ofendida por las palmadas en el trasero que suele darle su jefe las deja pasar como si fueran bromas cuando en realidad querría reprochárselo a los gritos en su cara. Supongamos que una niña sensata de diez años con un padre abusivo incestuoso evita siempre sentarse en sus rodillas, aunque a veces le gustaría hacerlo a pesar del riesgo.

Una cuestión aquí es el costo del abuso cuando las mujeres se niegan –porque están enojadas o porque tienen agallas o porque son altivas o porque no tienen otra opción o porque no lo entienden– a aceptar las restricciones y terminan pagando el precio. Una segunda cuestión es el costo para aquellas que evitan el abuso dejando de hacer cosas que quieren hacer. Parece plausible afirmar que para las mujeres negras y blancas, jóvenes y viejas, lesbianas o heterosexuales, etc., el costo de actividades evitadas por riesgo es muy alto. Una reducción significativa del riesgo podría conducir hacia patrones de conducta muy diferentes en muchas mujeres que están "en el margen", pero son eficazmente disuadidas por el residuo tolerado.

Creo que las mujeres saldrían muy beneficiadas si estuvieran libres de abuso, libres para hacer lo que ahora no pueden arriesgarse a hacer, y libres de ese temor generalizado que es su respuesta racional a la generalidad de la violencia masculina. Pero la postura convencional niega o ignora todo este espectro de costos. Los diversos movimientos de activistas contra la violencia de género, el abuso infantil, la violación y el acoso sexual –con sus aliados en los ámbitos de la psicoterapia, el trabajo social y los medios de comunicación progresistas– poco a poco han dado a conocer estas cuestiones al público,[17] aunque sin impactar mucho sobre sus prácticas. El resultado es una situación de desequilibrio, una especie de crisis cultural para la posición convencional.

La crisis se produce porque el reconocimiento de la prevalencia concreta del abuso amenaza con socavar los otros elementos de la *Gestalt*: que el abuso es cosa de una pequeña subclase de perpetradores anormales y una pequeña subclase de víctimas; que instancias aparentes de abuso a menudo se explican por el comportamiento de la mujer; y que la práctica del abuso en general tiene sólo una importancia marginal para los carriles de la vida social. Más aún, en la medida en que la posición convencional comienza a debilitarse, queda claro que no sólo subestima los males de la situación actual sino también los obstáculos para cambiarla, en particular el interés masculino en el statu quo.

Beneficios para los hombres

Desde la perspectiva masculina, es fácil apreciar algunas serias desventajas en cualquier intento de modificar el tratamiento jurídico del abuso para reducirlo significativamente. Pero me pone incómodo escribir al respecto. Podría parecer que por el solo hecho de listarlas y describirlas estoy *equiparándolas* con cosas que les ocurren todo el tiempo a las mujeres, o con cosas que ellas no hacen porque los hombres se las tornan peligrosas. Eso es sólo la mitad de la cuestión. La otra mitad es que existe una suerte de pacto de silencio entre los hombres progresistas respecto de que podríamos salir perdiendo si hubiera mayor protección hacia las mujeres. El pacto quizá refleje la idea de que, si se mencionan estos costos, algunos hombres no apoyarán la reforma.

La mayoría de los hombres –me atrevería a decir que prácticamente todos– intuyen que, para implementar incluso las limitadas normas existentes, habría que ampliar enormemente la voluntad de denuncia de las mujeres, como asimismo aumentar los recursos asignados a investigar denuncias en todos los niveles. La definición del abuso tendría que ser más cruda. Y habría un "gran" incremento en el número de acusaciones, acompañado por un incremento proporcional (o mayor) de aquellas que involucran cuestiones de discutible interpretación o sencillamente falsas. Dado que esto parece obvio, y que la mayoría o todos los hombres que han pensado al respecto lo saben (creo), es mejor reconocerlo y discutirlo en vez de simular que no existe.

La idea subyacente es paranoica, pero incluso los paranoicos tienen enemigos reales; y cabe recordar que nombrar el miedo no es sinónimo de hacerlo desaparecer. Los guiones sociales del acoso incluyen, junto con los roles de la provocadora y de la mujer que no sabe cuidarse, los roles de la engañadora vengativa, la histérica delirante y la mujer "demasiado susceptible" que sistemáticamente malinterpreta comportamientos masculinos inocentes.

Estos son estereotipos, y suelen utilizarse de una manera que distorsiona o falsea la realidad de las vivencias de las víctimas. Los hombres los usan para derrotar los esfuerzos de las mujeres por implementar las normas y hasta para disuadirlas de quejarse. La sociedad entera los emplea en su estrategia de negación del problema. Pero no son exclusivamente "masculinos", excepto en la (significativa) medida en que todo el imaginario social es masculino (porque los hombres dominan la cultura en su totalidad). He pasado mucho tiempo escuchando a mujeres "tradicionales" burlarse de mi rechazo izquierdista a admitir la existencia de engañadoras, fabuladoras y susceptibles. Muchas mujeres blancas y negras que conozco creen firmemente (igual que yo) que *a veces* hay algo de realidad detrás de las imágenes, así como detrás de otros estereotipos de género o raciales o étnicos.

Pero dejando de lado las imágenes paranoicas de la malevolencia femenina, ¿qué hay de la identidad equivocada? Un hombre blanco (yo) entra en la tienda Gap para comprarse unos pantalones. La tienda vende ropa de hombre y de mujer y ese día está llena de hombres y mujeres. Él tiene que hacer fila para entrar al probador. Se prueba los pantalones, no le gustan, vuelve a ponerse los suyos y sale del cubículo. Una vendedora lo espera parada junto a la puerta. Le dice enojada que una clienta, antes de salir de la tienda, le dijo que él había estado espiándola por sobre la pared divisoria entre los probadores.

La vendedora dice que la tienda desaprueba enfáticamente ese tipo de comportamiento. Él lo niega y comienza a defenderse. Arguye que la persona que lo precedió en el probador probablemente sí haya espiado sobre la pared divisoria y haya salido rápido cuando lo descubrieron, de manera que el siguiente ocupante quedara como culpable. Pero la vendedora le dice que está terminando su turno, que tiene que irse y no quiere discutir más el asunto.

El hombre se va de la tienda dolido, asustado y enojado, y por algún tiempo compra sus pantalones sólo en tiendas donde no haya ninguna posibilidad de que se produzca otra acusación falsa. Eventualmente regresa a Gap, con la esperanza de que aquella vendedora se haya olvidado de él o haya cambiado de trabajo. Es probable que si el protagonista de esta historia fuera un hombre negro y la acusadora una mujer blanca los acontecimientos hubieran estado más cargados e incluso hubieran terminado "peor", y también sería factible que el hombre negro hubiera experimentado más dolor, temor e ira que el hombre blanco.

El control social involucra tanto interpretación de normas como elucidación de hechos. Ninguna de las dos será nunca perfecta. La tolerancia del abuso elimina cualquier necesidad de interpretación o elucidación de los hechos en todo el espectro de situaciones donde se presente *un caso* en que un hombre ha hecho algo incuestionablemente malo e inmoral, pero donde también es obvio que el sistema jurídico no responderá.

Aquí hay un conflicto de intereses real. El conflicto existe incluso para los hombres que detestan el abuso sexual, por la sencilla razón de que el régimen actual deja la prueba del residuo tolerado totalmente en manos de la mujer. Al hacerlo les ahorra a los hombres, abusivos o no, la carga de la implementación excesiva o inadecuada que cualquier incremento significativo de control social generaría casi con certeza. Y también les ahorra tener que tomar precauciones contra el riesgo de una implementación excesiva.

Pero esto quiere decir que el conflicto de intereses entre hombres y mujeres está allí, aun si los costos de denunciar el abuso son lo suficientemente altos para las mujeres como para que las acusaciones discutibles o falsas continúen siendo inusuales en un régimen de implementación efectiva. El temor de los hombres a ser victimizados se relaciona sólo de manera indirecta y ambigua con lo que la realidad termina siendo. El temor varía de hombre en hombre, pero persiste un inconfundible interés grupal en evitar tener que preocuparse por el exceso de implementación; y esto entra en conflicto directo con el interés de las mujeres en no tener que preocuparse por la posibilidad de ser abusadas.

Imaginemos que el incremento de las sanciones contra conductas incuestionablemente antijurídicas se debe en parte a que las mujeres como grupo obtienen mayor po-

39

der sobre el sistema jurídico, incluyendo los procedimientos de interpretación de normas y elucidación de hechos. Si los hombres y las mujeres tienden a interpretar los casos de manera diferente en los márgenes de la categoría "conducta incuestionablemente antijurídica", y si yo interpreto como otros hombres, tengo incluso más para perder de lo que tendría si los hombres decidiéramos unilateralmente acabar con el abuso tal como *nosotros* lo definimos.

Me parece, sin más evidencia que la anecdótica, que los hombres son tan proclives como las mujeres a creer que los dos sexos ven las cosas de modo diferente. Mi opinión, por lo que valga, es que la definición de lo que es incuestionablemente antijurídico está más en discusión entre conservadores y progresistas que entre hombres y mujeres. Aun así, estoy más a salvo dentro del statu quo de lo que lo estaría si las mujeres tuvieran mucho más poder sobre estas cuestiones, sencillamente porque el statu quo es un mal conocido. Los hombres que aceptan la posición feminista de que los modos de ver de hombres y mujeres están polarizados tienden a pensar que el empoderamiento de las mujeres es una empresa muy riesgosa.

Esto me lleva a considerar otro costo, para los hombres, de intentar dar más protección a las mujeres. Eso nos forzaría a entrar en conflicto entre nosotros. Nos obligaría a definir nuestras posiciones y utilizar nuestros recursos y energía en discusiones sobre su definición e implementación. Nosotros los hombres podremos evitar estas peleas mientras el nivel total de implementación sea lo suficientemente bajo como para que las mujeres sepan desde un comienzo que no tienen ningún recurso efectivo.

Negociando a la sombra de las leyes sobre abuso sexual

Desplazar la línea entre la tolerancia y la prevención del abuso sexual de los hombres sobre las mujeres debería también afectar el proceso de negociación entre hombres y mujeres.[18] Las personas que mantienen relaciones amistosas o incluso pasionales en el ámbito laboral o en el seno familiar a menudo vivencian desacuerdos y conflictos que se organizan en base al género. No hay casamiento sin un sustrato de negociación donde las partes se ven una a otra como teniendo intereses opuestos. No hay relación laboral entre un jefe y una supervisora, o entre dos compañeros de trabajo, que no sea hasta cierto punto negociada.

En esas negociaciones algunos hombres emplean o amenazan con emplear violencia para aumentar sus "ganancias". Esto significa que las pérdidas para los hombres abusivos derivadas de una mayor implementación van mucho más allá de la pérdida del placer de dañar a las mujeres. Habría pérdidas secundarias en todas aquellas áreas de la vida donde la amenaza de daño sea una manera efectiva de conseguir lo que se quiere.

En esas negociaciones algunas mujeres piensan que la noción de hombre no-abusivo es un oxímoron. Para esas mujeres, incrementar la disuasión jurídica de la violencia masculina reduciría la credibilidad de las amenazas masculinas que, a su entender, están siempre al menos implícitamente presentes en las relaciones heterosexuales. Debería por tanto incrementar su poder de negociación *vis-à-vis* todos los hombres. Algunas mujeres, por otro lado, establecen una distinción tajante o difusa entre los hombres basada en su probabilidad de ser abusivos. Incluso puede haber hombres respecto de quienes no temen ningún tipo de violencia. Parece plausible decir que esos hombres obtienen un mejor resultado, *porque* no son considerados abusivos, que el que obtendrían si se sancionara de plano el abuso. Un mejor resultado puede ser cualquier cosa, desde la deferencia en el lugar de trabajo hasta el beneficio personal/político de hacer menos tareas domésticas.

Ceteris paribus, aquella parte que puede retirarse de una relación a bajo costo exigirá más y obtendrá más que aquella que sólo puede retirarse a un alto costo. El poder de negociación de cada parte depende en cierta medida de la explícita o implícita amenaza de retirarse, en el corto o el largo plazo, si su exigencia no es satisfecha. Los negociadores enfrentados juzgan la credibilidad de las amenazas evaluando las probables consecuencias de retirarse para el otro. En otras palabras, si la persona que amenaza con retirarse sufriera un daño severo por hacerlo, su amenaza sería menos creíble que la de alguien que puede retirarse a bajo costo.

Para una mujer que mantiene una relación con un hombre abusivo, uno de los costos de retirarse es correr el riesgo de terminar con otro hombre con esa misma característica. En el ámbito laboral, uno de los costos de retirarse para las mujeres es que el nuevo lugar de trabajo termine también convirtiéndose en un ambiente hostil. La gravedad del riesgo dependerá en cierta medida del compromiso del sistema jurídico con la prevención y la compensación. Reducir la probabilidad de que un nuevo hombre o un nuevo lugar de trabajo sean abusivos incrementa la credibilidad de las amenazas de retirarse por parte de las mujeres.

Esto conduce a una sencilla hipótesis de análisis económico del derecho que postula que el incremento de la protección contra el abuso sexual incrementaría a su vez el poder de negociación de las mujeres *vis-à-vis* los hombres, ya *se considere o no que esos hombres pueden ser potencialmente abusivos*, tanto en situaciones domésticas como laborales. Reducir la protección, por otro lado, haría que las mujeres fueran más dependientes de los hombres no abusivos, y por tanto más dispuestas a hacer concesiones, al volver más riesgosa su retirada.

La existencia de un conflicto de intereses real entre mujeres y hombres en los niveles aquí mencionados no implica que todo hombre que sepa de qué lado le conviene estar se opondrá a una campaña realista para reducir el abuso sexual, ni tampoco que toda mujer estará a favor. Un hombre podría creer que están en juego "cuestiones fundamentales de derechos humanos", o que lo que les sucede a las mujeres es tan malo que los costos de detenerlo para los hombres deberían considerarse triviales, o que una mayor protección para "su" mujer bien vale la pena de un pequeño riesgo extra para él. Más adelante sostendré que algunos hombres tienen un interés erótico en la reducción del abuso. Pero parece plausible que la línea que actualmente trazamos entre tolerancia y prevención es en parte el resultado de un intercambio compensatorio, efectuado por los hombres que manejan todo nuestro sistema de gobierno, entre su interés de grupo y el de las mujeres.

3. El abuso sexual como disciplina

Hasta ahora he argumentado contra la idea de que, dado que los abusadores sexuales son sujetos patológicos, la respuesta jurídica a su conducta es asunto de los abusadores, sus víctimas y los contribuyentes impositivos. He argumentado que los intereses de los hombres y las mujeres en general también están en juego. Ahora llegó el momento de mirar más de cerca la noción de que el abuso es meramente patológico.

La dificultad de esa posición radica en que el residuo tolerado de abuso sirve para efectivizar ciertas normas sociales que definen y regulan el comportamiento femenino apropiado. En otras palabras, es un abuso disciplinario. La probabilidad de ser victimizada en el hogar, el lugar de trabajo o la calle aumenta drásticamente si la mujer viola un conjunto de normas consuetudinarias de comportamiento femenino.

El mecanismo disciplinario

Puede parecer paradójico afirmar que el abuso es disciplinario cuando hasta ahora lo he definido como un comportamiento que la mayoría de la gente en nuestra sociedad considera incuestionablemente malo o inmoral. El abuso es desviación. Pero a menudo es desviación que sanciona la desviación. La idea abstracta de "patología" no explica cómo demarcar el abuso de modo tal que una respuesta competente a este signifique entender qué comportamientos tienen la probabilidad de provocarlo para luego *regular el propio comportamiento en ese sentido*. Y tampoco explica por qué cuando las mujeres regulan su comportamiento para evitar el abuso sexual, las regulaciones se corresponden de manera bastante puntillosa con un particular código patriarcal.

Al menos alguna parte del tiempo, en otras palabras, el abusador patológico es una especie de justiciero. La víctima ha violado una norma consuetudinaria que indica cómo deben comportarse las mujeres. La mayoría de las personas coincidirían en que la violación o el asesinato suscitados por una falta de conducta de la mujer son respuestas totalmente inadecuadas. Pero también coincidirían en que el temor de sufrir algún tipo de reacción abusiva genera un fuerte efecto disuasivo sobre las mujeres cuando estas evalúan la posibilidad de violar un amplio espectro de normas patriarcales.

El hecho de que numerosas víctimas reporten haberse preguntado repetidas veces qué hicieron para provocar el abuso y no hayan encontrado respuesta parece contradecir, pero en realidad confirma, esta observación. La pregunta presupone la existencia de normas cuya violación crea un riesgo. La víctima se hace la pregunta porque ha estado regulando su comportamiento, consciente o inconscientemente, de una manera que debería haberla protegido pero no la protegió.

El abuso es disciplinario cuando sus perpetradores, patológicos o no, están lo suficientemente sanos como para dirigirlo hacia una mujer que viola normas consuetudinarias. Es disciplinario incluso cuando su orientación no es del todo inteligible. En otras palabras, tiene tanto sentido decir que "serás abusada sin importar qué precauciones tomes; lo que haces o dejas de hacer no tiene nada que ver con ello" como decir que "tendrías que estar loca para hacer esto o aquello dado el riesgo de abuso". Tiene que haber un patrón bastante arraigado como para que las mujeres cumplan con las normas en mayor grado del que lo harían si estuvieran mejor protegidas.

Supongamos que el abuso disciplinario tiene el efecto de reducir el comportamiento desviado al que se dirige. Las consecuencias serán diferentes según la posición que ocupe cada uno en relación con ese comportamiento. Un incremento en el cumplimiento de las normas afectará de diferente manera a las personas según lo que sientan al respecto.

Es probable que las mujeres que de todos modos hubieran violado la norma estén en mejor posición si el abuso se elimina, porque pueden "salirse con la suya" a menor costo que antes. Las mujeres que no hubieran violado la norma debido al riesgo de abuso también tendrían que estar mejor contando con mayor protección. Si cumplían con la norma bajo el antiguo régimen era simplemente para evitarse el daño. Pero tendrían que estar felices porque la desaparición del riesgo de abuso disciplinario les permite "hacer lo que quieren" a menor costo que antes.

Las buenas consecuencias de una mayor protección para las mujeres que querrían violar la norma consuetudinaria se equilibran con las malas consecuencias para las personas de ambos sexos que aprueban la norma y quisieran que se la respetara universalmente. Aun suponiendo que aborrezcan el abuso, y que lo abolirían con gusto, obtienen un beneficio indirecto de su despliegue disciplinario contra el comportamiento femenino que desaprueban.

Hay todavía un tercer grupo afectado, conformado por personas de ambos sexos que se benefician, desde su propia perspectiva, con la desviación de las mujeres. A menudo el abuso sexual disciplinario apunta a implementar normas sobre el comportamiento sexual femenino permisible. El comportamiento al que refiere sea concreto o meramente simbólico, es algo que la mujer en cuestión está haciendo con, a, o para otras personas. Puede que esas otras personas también estén participando como desviados o sólo sean espectadores, pero en cualquier caso resultan afectadas cuando el abuso disciplinario desincentiva una conducta de la que obtienen placer.

Por ejemplo, parece probable que, en muchos lugares de los Estados Unidos, las palizas propinadas a las *personas gay* reducen la disposición de las lesbianas a vestir prendas de marimacho en la calle. Las mujeres que no son lesbianas, pero que al menos a veces adoptan un estilo marimacho, también son desincentivadas. Pero los hombres y mujeres que desaprueban las prácticas sexuales lésbicas, como asimismo las de otras minorías sexuales que se expresan a través de la vestimenta, se benefician indirectamente con las palizas propinadas a los homosexuales aunque piensen que son algo horrible. Los hombres y las mujeres que encuentran erótico el comportamiento marimacho de las mujeres salen perdiendo, al igual que los hombres y las mujeres que disfrutan de la moda marimacho sin excitarse.

Tal como sugiere este ejemplo, el abuso disciplinario puede ser particularmente importante allí donde no sólo hay desviación sino también desafío a la legitimidad de una norma de conducta femenina. Se supone que el abuso refuerza la norma de que las mujeres no deben ser lesbianas o parecer lesbianas en una situación en que la conducta desviada parece desafiar las normas tanto como romperlas. Es una de las armas en la lucha ideológica para definir cuáles valores deben prevalecer, no sólo un mecanismo para implementar un consenso moral contra las y los reincidentes aleatorios.

Disciplina caracterológica

Esta sección presenta y después critica la teoría del abuso disciplinario desarrollada por las feministas radicales[19] Robin Morgan,[20] Andrea Dworkin,[21] Catharine MacKinnon,[22]

Kathleen Barry[23] y Diana Russell.[24] De acuerdo con esa teoría, las diversas prácticas de abuso desempeñan un rol central en la constitución y el sostenimiento del sistema de dominación masculina. El abuso se puede tildar de patológico, pero es omnipresente no sólo para implementar normas patriarcales particulares sino como medio de imponer identidades femeninas estereotípicas o "tradicionales" sobre las mujeres según los intereses de los hombres. Mi crítica es que la abstracción "intereses de los hombres", al igual que "los intereses del capital", suprime demasiadas particularidades y por tanto no contribuye a entender los aspectos complejos de las jerarquías erotizadas, y que la identidad femenina estereotípica tiene el mismo problema.[25]

La teoría que presenta el abuso como una de las prácticas que constituyen nuestro régimen de género es el reverso de la posición convencional que lo define como algo patológico y excepcional. Si me obligan a elegir, prefiero sin dudas la teoría a su opuesto porque creo que identifica una verdad profunda sobre el régimen del patriarcado liberal, así como Marx hizo lo propio en *El capital*.[26] La pregunta es cómo interpretar esa revelación.

El interés de los hombres en la identidad femenina

Esta sección presenta una lectura –una apropiación y por tanto inevitablemente una reelaboración y quizá una distorsión– de un complejo corpus de trabajo de feministas radicales. Una de las tesis básicas de este corpus es que los hombres tienen interés en que las mujeres posean identidades tradicionales y que el abuso es un mecanismo que les permite producirlas. Pero la teoría tiene un parecido de familia con la sofisticada versión freudomarxista del capitalismo, y en particular de la emergencia del fascismo, dado que va mucho más allá de una explicación basada en la simple coerción.[27]

Supera la simple coerción porque el carácter particular que los hombres ponen en vigencia a través del abuso acoge la dominación masculina en vez de solamente someterse a ella. En un primer nivel los hombres vuelven débiles y pasivas a las mujeres, incluso en sus virtudes, mediante el abuso. En un segundo nivel las mujeres acogen su propia dominación como parte de una negociación desigual. En un tercer nivel hombres y mujeres erotizan la relación de dominación para que sea sostenida por el *deseo* (socialmente construido).[28]

La "genialidad" del patriarcado liberal, desde esta perspectiva, consiste en crear sujetos femeninos que no sólo se ajustan a los intereses de los hombres en las interacciones particulares, sino que también se adaptan a sus "intereses sistémicos" en su propia reproducción. Las mujeres son coercionadas a ser de una manera particular contra su voluntad, pero también consienten ser de esa manera y se deleitan en serlo.[29] Al igual que el capitalismo que construye para sus propios fines trabajadores individualistas alienados y adictos al consumo, el patriarcado liberal es mucho más estable que un sistema exclusivamente basado en la fuerza.

Según Catharine MacKinnon, los rasgos de las mujeres que Carol Gilligan identifica en sus estudios[30] –la "empatía", lo "relacional" como opuesto a la focalización en los derechos, la contextualidad como opuesta a la abstracción, etc.– son estrategias de víctimas que necesitan minimizar su vulnerabilidad a diversos tipos de abuso.[31] Si las mujeres son empáticas es porque deben estar alertas a los cambios de humor de los hombres peligrosos en sus vidas; si son relacionales, es porque necesitan solidaridad para afrontar la constante realidad o amenaza de violencia. Si rehúyen la abstracción, es porque los hombres controlan ese universo textual de una manera que las debilita y perjudica cuando intentan ingresar en él.

La teoría sugiere que la idealización de estos rasgos femeninos, tanto por parte de las feministas radicales como de los tradicionalistas, es funcional a los intereses de los hombres porque esos rasgos son empoderadores sólo o principalmente dentro del contexto del patriarcado liberal. Si la meta es cuestionar y cambiar el régimen, esos rasgos son problemáticos porque implican renunciar a las técnicas de poder –definidas por los hombres– que sirven de anclaje al sistema. Por esta razón, que las mujeres acojan una idea esencialista de sí mismas como portadoras de estas virtudes pasivas favorece el interés general de los hombres, aun cuando implique que estos tengan menos poder en ciertas interacciones particulares a nivel micro del que tendrían si las mujeres fueran menos empáticas y relacionales.[32]

No es sorprendente, desde esta perspectiva, que las mujeres con estos rasgos tiendan a aceptar el pésimo acuerdo que les propone la cultura en su conjunto, en particular las "de derecha". El acuerdo es: una mujer "de verdad" es heterosexual, monógama, maternal, sumisa y sexualmente complaciente con su hombre. Si logra ser así, o parece serlo, puede exigir a cambio que su hombre la proteja de otros hombres, con el respaldo del sistema jurídico de ser necesario.[33]

La pendencia callejera a menudo parece decir:

> Ten un hombre contigo como tu protector, en cuyo caso vamos a dejarte tranquila porque esa es la manera apropiada de estar en la calle para las mujeres. Si eliges presentarte como una mujer sola tendrás que afrontar nuestra concepción de lo que son las mujeres solas, lo cual está por verse. Tú eliges ser fastidiada. Pero si tienes un hombre a tu lado ni siquiera se nos ocurrirá molestarte. No tienes que preocuparte. Así que consíguete un hombre.[34]

De acuerdo con esta teoría, el incesto, la violación, la esclavización sexual de las prostitutas, la violencia doméstica y el acoso sexual en el lugar de trabajo tienen un propósito: ponerle "cuerpo" al mensaje de la pendencia callejera. Porque jugar el papel de la sumisa en una relación matrimonial convencional parece una manera obvia y *a veces* eficaz de evitarlos. Alcanza con que a veces sea eficaz; la cultura enseña que el riesgo se reduce incluso si estas cosas pueden pasarle a cualquier mujer en cualquier lugar.[35]

Los roles femeninos en los guiones del abuso sexual adquieren una nueva importancia bajo esta luz. No son "sólo" estereotipos. La provocadora, la mentirosa vengativa, la fabuladora histérica, la demasiado susceptible... ninguna de ellas cumple su parte del acuerdo y por lo tanto renuncian a la protección patriarcal. Viendo a mujeres víctimas nuevamente victimizadas en los procesos judiciales o en los medios de comunicación, los hombres y las mujeres aprenden que la reparación por abuso sexual depende de que la afectada sea o parezca una víctima "perfecta", lo cual significa ajustarse a las normas patriarcales.

En su brutal, brillante, sutil libro *Intercourse*,[36] Andrea Dworkin postula (entre muchas otras cosas) que cuando una mujer entiende el mensaje e ingresa en una relación monogámica con un hombre, el coito es la afirmación microcósmica de la conquista y la posesión de la mujer por parte del hombre. La vivencia del placer (socialmente construida) de ser conquistada y poseída –si es que se produce– es la recompensa erótica que la cultura otorga a la mujer por haber aceptado el acuerdo.[37] Si ella "falla" en vivenciar ese placer, es su culpa y su problema. El acuerdo sólo funciona para las mujeres "de verdad", de modo que si no funciona para usted es sencillamente porque no es una mujer de verdad.[38]

Desde esta posición, el patriarcado liberal puede tolerar una amplia participación de las mujeres en el ámbito laboral y también su presencia en el espacio público. Dado que son mujeres "de verdad", las trabajadoras y las figuras públicas reproducirán en esos espacios las actitudes de deferencia y aceptación de un estatus inferior que se modelan en el seno del matrimonio. Los hombres y las mujeres erotizarán el elemento jerárquico en las relaciones entre jefe y secretaria,[39] médico y enfermera, piloto y azafata, actor y actriz, barman y mesera.[40] Los ataques contra la segregación de género en el lugar de trabajo parecerán "ir contra la naturaleza".[41]

Así, los hombres utilizan el abuso para inclinar la balanza a su favor cuando negocian con las mujeres y también, indirectamente, para torcer su carácter de modo que no puedan obtener o siquiera querer lo que ellos no quieren que tengan. La clave de bóveda de la teoría es la erotización del abuso a través de la pornografía.[42] La pornografía es la forma más "veraz" de ideología patriarcal, análoga a la economía política apologética en el marxismo clásico. Construye de manera sistemática la heterosexualidad masculina para que sea excitada sexualmente no sólo por la dominación masculina y la sumisión femenina, sino por la posibilidad o la realidad de la violencia masculina y la vulnerabilidad femenina a esa violencia.

Un apoyo y una crítica

Concuerdo con gran parte de este análisis. Pero me parece que se equivoca en sus juicios a causa de muchos de los vicios que, comenzando en las décadas de 1920 y 1930, llevaron a los izquierdistas radicales a pensar que era necesario reinterpretar los ejes centrales del marxismo.[43] No sé qué conclusión extraer de este paralelo, pero quiero decir que mi crítica de (mi propia versión de) MacKinnon y Dworkin sigue la huella, en muchos sentidos, del debate dentro de y sobre el marxismo, y puede estar sesgada por esa experiencia previa.

Apoyo

La teoría feminista radical explica cómo opera la dominación erotizada para mantener la jerarquía, volviéndola invisible o aparentemente consensuada, en las familias, los lugares de trabajo y el espacio público. Explica por qué a menudo las mujeres no piden y ni siquiera parecen querer eso que a mí, en tanto hombre, me parece que *deberían* pedir o querer si fueran "nuestras iguales". A veces parece plausible atribuirlo a la existencia de valores diferentes que todos deberíamos respetar en nombre del pluralismo. Pero otras veces, sobre todo cuando hay con qué comparar porque otras mujeres sí están haciendo estos reclamos y sí parecen tener estos anhelos, luce como opresión lisa y llana, aunque a nivel caracterológico.

Parece que hay rasgos estereotípicamente femeninos en algunas mujeres que conozco que se propagan en parte por la necesidad de anticipar, manejar y evitar el abuso. Algunos de esos rasgos parecen admirables. Algunos me parecen aspectos negativos de la femineidad. Más aún, valoro las ocasiones en que las mujeres sorprenden, desconciertan y hasta aterrorizan a los hombres sugiriendo posibilidades identitarias que no tienen nada que ver con lo que ellos piensan que "deben ser" las mujeres, y se presentan desde su irreductible diferencia. El sistema de abuso vuelve más improbables estas ocasiones y ciertamente parece dirigido a evitar que sucedan.

No estoy diciendo que todas las mujeres sean afectadas de una manera particular por las múltiples prácticas abusivas masculinas. Tampoco promuevo la idea de que las mujeres son de una determinada manera. Es una cuestión de márgenes, de cómo el residuo tolerado de abuso orienta los rasgos en una u otra dirección, incrementando o reduciendo su probabilidad estadística, no reformulando a las personas como seres individuales unificados en tanto hombres o mujeres.[44]

A veces algunas mujeres parecen menos seguras de sí mismas, menos competentes, menos claras respecto de lo que piensan, menos agresivas en pos de sus ideales o sus intereses (tal como yo los construyo), menos dispuestas a tomar riesgos cuando hay temperamentos masculinos explosivos de por medio, de lo que podrían ser o estar si no vivieran en un universo abusivo. Creo que los hombres se benefician en todos sus intercambios con mujeres de este impacto del residuo tolerado sobre el carácter. Creo que, para mis propios valores pero también en sus propios términos, las mujeres logran menos cosas de las que lograrían en un régimen menos permeado de terrorismo en su contra.

Para algunos hombres heterosexuales –para muchos, incluyéndome– la vulnerabilidad de las mujeres, y el poder fálico en relación con esta, tiene a veces un profundo atractivo erótico. Tengo la impresión de que muchas mujeres heterosexuales se excitan, al menos parcialmente, con esa vulnerabilidad y ese poder fálico. En todas las situaciones en que hombres y mujeres heterosexuales conviven y trabajan juntos hay posibilidades de dominación erotizada y de sumisión devenida carácter masculino y femenino.

Esto quiere decir que en el capítulo 2 subestimamos drásticamente el interés de los hombres que no son abusadores en la tolerancia del abuso. De hecho, el interés masculino en evitar la implementación excesiva, las definiciones crudas, la restricción sutil de su libertad de acción *vis-à-vis* las mujeres no es ni la mitad del asunto. Dado que el abuso es importante para todo el régimen del patriarcado liberal, el interés masculino en el régimen se pone en juego en los esfuerzos por abolirlo.

Más aún, las mujeres que han aceptado el acuerdo del patriarcado liberal, que han hecho su mejor esfuerzo para "ser" mujeres "de verdad" y lo han logrado, tienen su propio interés en el régimen. Desde la perspectiva de Dworkin y MacKinnon son "coolaboracionistas", cómplices de su propia opresión y oportunistas que se benefician con el sufrimiento de otras mujeres.[45]

Esta es una manera severa de decir que la mujer "tradicional" exitosa se beneficia, sin duda de modo indirecto y sin importar qué tanto lo desapruebe, con el abuso que constituye su mundo social aunque ella misma esté en riesgo. Este interés semiconsciente parece traducirse a veces en un tajante escepticismo antifeminista hacia las denuncias de abuso, orientado a preservar la idea convencional de que es patológico y raro.

Es en este punto –cuando se nos revela que algunas mujeres se benefician del régimen y por ende del abuso, aunque de modo indirecto e incluso aborreciéndolo– donde dejo de apoyar esta posición. Hay un inquietante parecido entre la respuesta de las feministas radicales al problema de la división interna y la respuesta de Marx y Lenin.[46] Lo que tienen en común son las polémicas sin límite y una feroz voluntad de ruptura. Así defienden la uniformidad de la teoría contra las fisuras de la existencia generizada dentro del patriarcado liberal.

Crítica

Pero esa uniformidad en la interpretación de "los intereses de los hombres" y de la "identidad femenina" es un obstáculo para la comprensión de los aspectos complejos de la jerarquía erotizada. Una primera complejidad es el rol preciso que desempeña el abuso en la generación y la estabilización de estructuras claramente "sobredeterminadas" (porque son producto de muchas causas superpuestas). Otra es que tanto hombres como mujeres encuentran dentro de sí placeres heterosexuales que afirman vivir como igualitarios e incluso redentores, aun cuando respaldan la teoría de la supremacía masculina.[47] Otra es la persistencia de la resistencia, del compromiso y del oportunismo como estrategias para negociar el régimen en vez de comprarlo sin reservas, de manera que la imagen de un sistema de género completamente racionalizado y totalitario parece fruto de la paranoia.

Acaso la mayor complejidad radique en que el placer dentro del patriarcado, tanto para heterosexuales como para homosexuales, a veces puede ser resistencia, incluso cuando se fundamenta en esas cargas eróticas de dominación y sumisión que son los pilares del régimen. Este es el cuestionamiento de las lesbianas sadomasoquistas[48] y de Nancy Friday[49] no sólo a MacKinnon y Dworkin sino al carácter insípido de la mayor parte de los escritos sobre sexo del feminismo progresista y cultural. Este desafío resuena en la subcategoría de hombres heterosexuales que aspiran a ser políticamente correctos pero no quieren renunciar a *todas* las posibilidades de excitación, a *toda* la peligrosa sensualidad que mujeres y hombres producen empleando formas incuestionablemente patriarcales. Ellos quieren usar las herramientas del amo para desmantelar la casa del amo.

Cualquier descripción del patriarcado liberal que pretenda dar cuenta de estas complejidades debe ser modesta, en comparación con la teoría dura presentada más arriba, porque necesita establecer una clara distinción entre el régimen, con su estructura opresiva, y los hombres y mujeres que este construye y cuyas acciones cotidianas *son* el régimen. En la versión modesta también hay un régimen, pero no es una totalidad coherente que subsume a sus partes humanas individuales en la lógica de su sistema.

Ningún hombre quiere que las "mujeres" sean algo en particular, excepto en el contexto del repertorio de roles, prácticas e incluso deseos que lo condicionan en cuanto comienza a operar en el mundo social. La práctica del abuso, y la estructura general del régimen, estaban allí antes que él, siempre son algo dado. El abuso es anterior a sus intereses, pero es también algo hacia lo cual puede desarrollar un interés. Podemos aceptar la noción de un régimen y no obstante reconocer que diferentes categorías de hombres desarrollan *diferentes* intereses, positivos y negativos, en ese régimen.

Las mujeres operan en el mundo a través de sistemas de signos (lenguaje, vestimenta, guiones de interacción abusiva) y estructuras sociales y actúan estratégicamente dentro de ellos. Siempre son activas y funcionan desde sus identidades complejas a pesar de las restricciones omnipresentes que les impone el patriarcado. Ellas desarrollan *diferentes* identidades e intereses dentro del régimen y sus intereses, como los de los hombres, son tanto positivos como negativos. El próximo apartado intenta concretar este acercamiento.

Problematizar el interés de los hombres en el abuso

En una de las versiones del argumento feminista radical, el abuso disciplinario está al servicio de los intereses de los hombres, pero al mismo tiempo los perjudica en tanto promueve rasgos "femeninos" que ellos quizá preferirían que desapareciesen. Robin West describe el hábito de mentir en las mujeres, en particular en lo que atañe a lo que sienten, como un rasgo producido por el abuso. La mujer que define sus deseos a partir de los deseos de otros, en este caso de los hombres, necesariamente mentirá sobre sus sentimientos y sensaciones cuando no sienta ni pueda sentir aquello que los hombres quieren que sienta.[50] Esta idea de que un conjunto particular de prácticas inducidas por el abuso podrían ser simultáneamente beneficiosas y perjudiciales para los hombres, y de diferente manera para diferentes hombres, me parece muy importante.

La mayoría de las personas en nuestra cultura creen que el abuso sexual puede tener un efecto constitutivo negativo sobre la identidad sexual de las mujeres. Es probable que las víctimas de incesto tengan un espectro particular de "problemas de amoldamiento sexual". La revista *Time* puede reportar, sin necesidad de una cita experta, que:

> Las sobrevivientes del incesto son víctimas de los extremos. Crecen incapaces de confiar en los demás o, alternativamente, tendiendo a confiar demasiado. Se apagan sexualmente o se vuelven salvajemente promiscuas.[51]

Se dicen cosas similares de las víctimas de violación y de violencia doméstica y también de las mujeres que han sido sexualmente explotadas por médicos, abogados, psiquiatras, clérigos y profesores. Según parece, un elevado porcentaje de las prostitutas y otras trabajadoras sexuales han tenido experiencias de abuso sexual en la infancia.[52] Es común sostener que su elección de ganarse la vida a través del sexo es, al menos a veces y en parte, resultado de la vulnerabilidad derivada de la experiencia temprana y, al menos a veces y en parte, una manera de responder activamente a esa experiencia (controlando a los hombres en el acto sexual en vez de dejarse controlar por ellos, por ejemplo).

Estas identidades sexuales constituidas a través del abuso, tanto "la que se apaga sexualmente" como la que se vuelve "salvajemente promiscua", son "negativas" en tanto se apartan de normas sociales fuertes respecto de lo que se supone que las mujeres deben sentir y disfrutar en el sexo con hombres. Los hombres han tenido preponderancia en el desarrollo de estas normas y en su transformación a través del tiempo a medida que el patriarcado liberal adoptó una actitud más "positiva respecto del sexo". La noción misma de un "problema de amoldamiento sexual" presupone el proyecto normativo de formar mujeres que disfruten y busquen coitos monógamos heterosexuales "normales" con hombres. "Bajo deseo sexual" es una categoría de diagnóstico en parte porque la falta de deseo sexual se construye socialmente como algo negativo.

Teniendo en cuenta lo dicho, todo indicaría que los hombres tienen tanto intereses positivos como negativos en los caracteres femeninos constituidos por el abuso. Si las normas sociales prevalecientes respecto de la identidad femenina, y particularmente de la identidad sexual femenina, están al servicio de los intereses de los hombres, si se corresponden con lo que ellos quieren de las mujeres, entonces el abuso les permite conseguir lo que quieren pero también se los niega. Les permite conseguir (algunas) mujeres relacionales, empáticas, contextuales, sumisas, heterosexuales y monógamas. Pero también (algunas) mujeres que no quieren tener sexo con ellos, o que quieren tener sexo sólo porque los hombres quieren que quieran, y que mienten sus sentimientos. Es posible que la combinación de las normas con el residuo tolerado de abuso les permita conseguir ambas, en alguna medida, en todas las mujeres (o en todas las mujeres blancas, o en todas las mujeres heterosexuales).

Estamos hablando de normas antes que de los deseos de algunas personas en particular. Tenemos que analizar las diferentes actitudes masculinas hacia el resultado de la implementación de las normas. Las normas existen independientemente de la voluntad de cualquier hombre particular, y no hay nada que compela a ningún hombre particular a concordar con ellas. Algunos hombres pueden preferir este universo, donde el abuso ha apagado sexualmente a muchas mujeres, al que emergería de una reducción masiva del abuso. A otros hombres puede no importarles la elección entre uno u otro universo, siempre y cuando puedan conseguir mujeres sumisas que finjan orgasmos para hacerlos sentir bien. Muchos hombres pueden tener un interés erótico muy escaso en las mujeres en general y preocuparse por el complejo impacto indirecto del abuso sexual sobre las identidades sexuales masculinas.

Es cierto que, en la situación sexual actual, muchos hombres quieren que haya mujeres que trabajen como prostitutas y mujeres que sean esposas "tradicionales". Si el abuso es condición para la producción social de prostitutas en tanto porción significativa de la fuerza laboral, entonces estos hombres se benefician del abuso así como los primeros capitalistas se beneficiaron de las condiciones sociales y económicas que generaban una gran oferta de trabajo infantil.

En este modelo, esos hombres tienen un interés en el incesto entre padre e hija que es análogo al interés de otros en la elección reproductiva "libre" para las mujeres, derivado del deseo de un acceso sexual más simple que el que tenían bajo el régimen que obligaba a llevar a término el embarazo.[53] Pero algunos de estos hombres pueden sentirse atrapados en una situación en que parece que la única alternativa a no ser una mujer "tradicional" sumisa pero apagada por el abuso es ser una "forajida" que está disponible para la prostitución por causa del abuso.

Es posible que el sistema constituido por las normas, el residuo tolerado y la variedad de identidades sexuales resultantes sea lo que todos los hombres "en realidad" consciente o inconscientemente desean, y que las mujeres no hayan desempeñado otro rol que el de ser objetos. Pero yo creo que, aun reconociendo la contundencia de esta perspectiva, en última instancia realiza demasiados epiciclos, demasiados giros y contragiros argumentativos para ser plausible.

Gira de aquí para allá porque no puede permitir que nada amenace su confianza en ideas estereotipadas –desde luego antiesencialistas– de lo que son los hombres y de cuáles, por ende, deben ser sus intereses. Sigue la tradición del estructuralismo marxista, según la cual la clase capitalista confronta con el proletariado sabiendo, sin necesidad de tener conciencia de ello, cuáles son sus intereses e impone unilateralmente desde las condiciones materiales hasta la conciencia misma.[54]

Es posible reconocer el poder excesivo de los hombres como grupo sobre las mujeres como grupo y la manera en que el abuso es funcional a todo un espectro de intereses masculinos, incluido el interés en la construcción de identidades y sexualidades femeninas particulares, sin estar de acuerdo con que el patriarcado liberal tenga o pueda tener ese grado de poder totalitario. "El derecho paterno no debería entenderse como una voluntad divina determinista, sino como un palurdo perpetuo que prepara el terreno para las insurrecciones en su contra".[55]

Durante la escritura de este ensayo he podido reconocer otro motivo, menos abstracto, detrás de mi crítica. En la medida en que soy un hombre heterosexual, una parte de mi ser es rehén de las mujeres: quiero que ellas existan como mujeres, no como hombres, como portadoras de la posibilidad de mi propia excitación sexual. Esa parte de mí es, al parecer inevitablemente, un juguete de la cultura que "construye" mujeres de una u otra manera y luego las "empaqueta", tanto en cuanto personas como en tanto imágenes mediáticas, limitando el repertorio de signos mediante los cuales ellas pueden comunicarse y yo puedo interpretar sus sexualidades particulares. Y eso no me constriñe respecto de lo que puedo producir como sexualidad inteligible. Hasta aquí, todo bien.

El análisis de la erotización de la dominación formulado por el feminismo radical tiene el enorme valor de teorizar lo abyecto de esta situación. Por un lado es el anhelo de que mi propio ser-para-las-mujeres y su ser-para-mí se multipliquen, se vuelvan más transparentes y crezcan más fuertes y sorprendentes mediante la generación y supresión de diferencias. Por otro lado son las condiciones de dominación las que en cada interacción cotidiana rutinaria motivan a ambas partes, y en diversas medidas les permiten, caer en la pasividad, la explotación, el engaño y la ceguera resignada.

¿Es sólo un autoengaño autointeresado el que hace que la situación parezca menos desesperanzada? Si no es desesperanzada, la esperanza reside en esas mismas interacciones cotidianas rutinarias. Por ejemplo, en la cotidianidad de la vestimenta.

4. Abuso sexual y vestimenta femenina

Este capítulo explora la conexión entre la práctica del abuso sexual y la producción y reproducción de la sexualidad a través de la vestimenta femenina y las respuestas masculinas a ella. En particular se ocupa de la relación entre el abuso y la vestimenta "sexy" o "provocativa". Sostengo que esta equiparación desempeña un rol bastante importante en la ideología del régimen patriarcal.

Que a veces las mujeres provocan el abuso con su vestimenta es parte de la "posición convencional". Esta posición se encuentra bajo ataque en la actualidad, desde posiciones a veces directa y otras indirectamente inspiradas en el pensamiento feminista. Dentro de este ataque hay distinciones ideológicas que se corresponden con las múltiples posibilidades de respuesta frente a las normas e imágenes del régimen.

El próximo capítulo explora una conexión bastante diferente entre el abuso y la vestimenta. Allí abordo, parcialmente adopto y después critico la idea de que las convenciones actuales sobre qué es un atuendo sexy reflejan y reproducen la erotización de la dominación propia del régimen.

El caso de la vestimenta sexy nos brinda la oportunidad de observar: primero, la multiplicidad de identidades masculinas y femeninas existentes dentro del régimen; segundo, los conflictos de interés que se suscitan entre hombres, entre mujeres, y entre hombres y mujeres cuando pensamos en cambiar el régimen; y tercero, las prácticas de oposición que ocurren en sus intersticios.

Producción y regulación de la vestimenta sexy

Cuando hablo de vestirse sexy aludo a la vestimenta femenina en el marco de un espacio determinado que muchas personas califican como "sexy" o "provocativa". Una persona que desaprueba una determinada performance de vestimenta sexy puede llamarla "vulgar", o "perra", o "exhibicionista", o incluso "auto-objetificante". En la cultura estadounidense actual los atuendos que convencionalmente se consideran sexys –vale decir, provocativos– en general prefieren la exposición a la cobertura, lo ajustado a lo suelto, lo brillante (o negro) a los colores claros, la transparencia a la opacidad, y el entallado simbólico de los senos, la cintura, el trasero y los pies a las líneas "naturales". (En palabras de una cultora de esta práctica: "Si no se ve por arriba, por abajo o a través, no quiero usarlo".) Hay dimensiones complejas similares para los accesorios, el cabello, el maquillaje, etc.

Que un atuendo sea sexy es una cuestión de grados. Las mujeres combinan los distintos elementos para producir un espectro con gradaciones infinitamente sutiles de menor a mayor. Pero cuáles performances son sexys y cuáles no es también, y en gran medida, una cuestión de convención arbitraria. Es probable que un atuendo revelador, ajustado, brillante, transparente y entallado que no siga los dictados específicos de la moda del momento parezca raro o grosero antes que sexy.

Por último, que un determinado atuendo cuente como vestimenta sexy en el sentido en que emplearé el término depende del espacio donde se lo use. Un atuendo es sexy sólo *en términos de* los códigos de vestimenta que regulan virtualmente todo el campo social. Esos códigos regulan el grado de sensualidad permitido en cada ámbito, pero *no* operan para suprimir la sexualidad femenina ni tampoco para imponer una moralidad puritana.

Por el contrario, estamos hablando de la distribución espacial y temporal de un comportamiento que se produce socialmente. En la sociedad estadounidense actual existen *normas*, requisitos de mayor o menor vestimenta sexy (y de comportamiento sexy en general) en algunos lugares y momentos, así como una variedad de prohibiciones en otros. Un esquema tentativo de la situación sería más o menos así:

| | Vestimenta de mujer ||
	Más sexy	**Menos sexy**
Vida familiar	• En el dormitorio antes del sexo • Cena con invitados	• En la cocina con los hijos • Picnic familiar
Espacio público	• Noche • Club nocturno • Playa • Gimnasio	• Día • Aeropuerto • Iglesia • Concierto de música popular
Lugar de trabajo	• Ventas al público • Prostitutas callejeras • Actrices y modelos que ponen en acto la sexualidad	• Trabajo profesional • Acompañantes de lujo • Guionistas mujeres

Vestirse sexy es desviarse de la norma de un ámbito determinado

Los códigos de vestimenta intentan hacer corresponder el espectro de atuendos –de menos a más sexy– con el espectro de ámbitos –de menos a más sexualmente cargados–. El código especifica qué parte del espectro de atuendos está permitida dentro de un ámbito determinado. Un atuendo es sexy *en un ámbito* cuando está cerca de, o sobre, o pasando la línea que separa la vestimenta adecuada para ese ámbito de la adecuada para otro más sexualmente cargado. La vestimenta de oficina que evoca una discoteca/club nocturno es sexy porque se desvía en una dirección particular de la norma oficinesca. La vestimenta es conservadora *para el ámbito* cuando sigue la línea que va en la dirección contraria.

Dentro de un ámbito, llevar un atuendo compuesto por elementos de vestimenta convencionales es producir un signo, así como decir una palabra es producir un signo. El atuendo, digamos un top de cuello halter, tendrá, como la palabra, un significado diferente y transmitirá distintas cosas respecto de su "hablante" según el contexto. Lo que cuenta para este apartado (aunque no para el próximo capítulo) es este significado-en-el-ámbito. Vestirse sexy es producir un signo que significa tanto "sexo" como "desviación" porque es un signo que "pertenece" a (está prescripto para) un ámbito más sexualmente cargado que aquel donde está siendo usado. Es probable que el top de cuello halter sea una forma de vestirse sexy cuando se lo usa en la oficina, pero puede ser "discreto" si se lo viste en la playa.

Una vez que reconocemos el signo-en-contexto como "vestir sexy", con su significado de desviación hacia una dirección particular, el atuendo adquiere muchas otras capas de significado. La lectura del mensaje más complejo emitido por la persona así vestida variará según sus características socialmente relevantes, por ejemplo la raza, la edad y el tipo de cuerpo. Dado el estereotipo blanco prevaleciente de las mujeres negras, es más probable que un atuendo provocativo se interprete como un uniforme que indica que su portadora trabaja como prostituta, o al menos es una "perra" y no "sexy", si lo viste una mujer negra que si lo lleva una mujer blanca.[56]

Se espera que las mujeres viejas y las muy gordas y las muy flacas acepten la valoración social convencional de que no son sexualmente atractivas y se vistan de una manera que minimice su sexualidad. Si se visten sexy, esto es, si producen un atuendo-signo que se desvía hacia un ámbito con mayor carga sexual, es dudoso que se las considere provocativas; lo más probable es que se las interprete como rebeldes o excéntricas o "desesperadas" y que sean sancionadas en consecuencia. Dado que la vestimenta sexy llama la atención sobre el cuerpo, es probable que induzca tanto a sus portadoras como a sus espectadores a "aplicar" los estándares de belleza convencionales del momento. Así, quienes se visten sexy pero no se consideran físicamente perfectas se encontrarán, tal como dijera una cultura de esta práctica, "intentando esconder y mostrar al mismo tiempo".

De lo que llevo dicho hasta ahora debería resultar claro que es posible vestirse sexy "por accidente", esto es, por ignorancia o confusión del código de vestimenta de un ámbito particular. Pero también puede suceder que el código de vestimenta se encuentre en proceso de discusión o en transición, como cuando la gente mayor insiste en interpretar un atuendo como sexy mucho después de que fue "normalizado". Más aún, no hay una conexión necesaria entre la opinión de que una mujer en particular produjo el signo de la vestimenta sexy y la opinión de que ella misma es "sexy", en el sentido de sexualmente deseable. Una mujer que se viste de manera "conservadora" puede ser considerada "muy sexy", y una que se viste "provocativa" puede ser considerada "nada sexy".

No obstante, existe un discurso convencional sobre el sistema de signos, cosas que mucha gente repite sobre el vestirse sexy. En otras palabras, un discurso sobre por qué las mujeres se visten sexy (se desvían), sobre vivenciar la vestimenta sexy (en vez de limitarse a reconocer el signo) y sobre las consecuencias de vestirse sexy (la producción del signo). Ese discurso justifica los códigos de vestimenta que establecen e implementan las normas de cada ámbito.

Una primera idea básica de ese discurso afirma que es probable que el vestirse sexy pretenda despertar sentimientos sexuales en algunos hombres y probablemente lo consiga. Esto evita que el sistema de signos "flote" por completo libre de toda realidad. Ciertamente, hablando como varón heterosexual puedo atestiguar que el vestir sexy –en tanto desviación de la norma en dirección al siguiente ámbito más sexy– produce a menudo una vivencia de interés sexual, de incitación, de excitación en mí y en parte de los hombres que lo ven. Y también que suelo vivenciar el vestir sexy como algo específicamente dirigido a provocar estas sensaciones por parte de la mujer que lo pone en acto.[57]

Me parece que esta reacción heterosexual de excitación ante el vestir sexy (en tanto signo convencionalmente definido) tiene alguna relación con el voyeurismo y el fetichismo. La mujer que se viste sexy modifica su atuendo de una manera que evoca o insinúa la mirada de un ámbito con más carga sexual que aquel donde se encuentra. Las asociaciones de ese ámbito más cargado sexualmente son trasladadas al actual por los detalles de la vestimenta, que "representan" el atuendo del otro ámbito, que a su vez "representa" (como en el fetichismo) una parte o la totalidad del cuerpo femenino sexualizado.

Dado que vestirse sexy viola la norma del ámbito, la reacción masculina heterosexual es compleja e incluso adquiere una "naturaleza" diferente cuando la reacción de cada hombre particular se suma a la asociación generalizada de lo sexy con la desviación. La vestimenta de la mujer es más que un alarde. La mujer que produce el signo parece invitar al hombre heterosexual que mira (en su rol de voyeur) a mirar aquello que, en ese ámbito particular, se supone que ella debe esconder.[58]

Sólo algunos hombres manifiestan este tipo de reacción al signo. Muchos lo reconocen, pero no tienen ninguna reacción, o bien reaccionan con pánico o desagrado. Otros "no se dan cuenta", en el sentido de que son distraídos. Otros tienen reacciones voyeuristas-fetichistas de las que son conscientes pero piensan que son políticamente incorrectas o los hacen sentir culpables y luchan contra ellas.

Es más, los hombres pueden tener reacciones voyeuristas-fetichistas ante *cualquier* actuación femenina, sin importar el sistema de signos, o en una reversión perversa de sus significados convencionales. La sexualidad masculina heterosexual, tal como la hemos construido, encierra a las mujeres en el rol de agentes de la vestimenta sexy sin importar lo que hagan para evitarlo. Seguir las reglas de la producción de signos no hace sino incrementar la probabilidad de que la mujer produzca la reacción o la ausencia de reacción que está buscando. Pero la reacción voyeurista-fetichista masculina a la vestimenta sexy –apunta él en su defensa– es en el peor de los casos una perversión, y en el mejor, una instancia más de apreciación cultural no abusiva.

La subcultura de la vestimenta sexy y la agencia femenina

Dentro de la teoría feminista que enfatiza el poder absoluto de los hombres para modelar la realidad generizada en su propio interés, puede parecer obvio que lo que he descripto hasta ahora son ideas masculinas respecto del vestir sexy, que los hombres imponen a las mujeres que las ponen en acto. Dentro de este modelo, los hombres tienen reacciones (socialmente construidas) de excitación y coaccionan a las mujeres para que las produzcan, punto. La coacción puede ser directa (los hombres castigan a las mujeres por no ser sexys para ellos) o ejercerse mediante la destrucción de la autoestima para que las mujeres no tengan otro modo de sentirse bien, o mediante la privación material que deja a las mujeres sin ninguna otra cosa con la cual negociar. De acuerdo con esta posición, hay poco espacio tanto para el placer femenino en la autoobjetificación como para la agencia femenina en el desarrollo del repertorio de la vestimenta sexy ("¿por qué podría *querer* una mujer andar bamboleándose de aquí para allá sobre tacones altos?").

Tanto la posición convencional como la feminista tienen una variante más sofisticada que enfatiza la producción de sexualidad a través de una subcultura –un grupo semiorganizado– de personas que se visten sexy. La subcultura tiene una ideología, sus propios medios de difusión y relaciones con otros grupos, incluidas las mujeres que respetan las normas de las que quienes se visten sexy se desvían y los hombres que se excitan con sus prácticas. Esta posición me parece mucho mejor que la individualista.

La subcultura existe dentro de una situación de conflicto respecto de la erotización de la vida cotidiana. Como tantos otros dentro del sistema capitalista liberal, sus miembros defienden a veces su práctica argumentando que es la mejor. Pero más a menudo juegan la carta progresista contra las mayorías que tienden a exigir el cumplimiento de sus estándares. "Las mujeres han recorrido un largo camino: de quemar sostenes a lucirlos. Si ahora una mujer elige lucir sexy, está en su derecho", dice una editorial de la revista *Vogue*.[59]

Tal como sucede en otras subculturas (beatniks, hippies, pandillas, gays salidos del clóset), estas prácticas adquieren significado a través de sus relaciones con la práctica y la ideología dominantes. En este caso, la vestimenta sexy contiene un elemento de desafío, tanto a la posición moral convencional sobre la vestimenta[60] como a la crítica feminista.[61] Pero mientras lo desafía, la subcultura influye sobre el esquema dominante aportándole un vocabulario en desarrollo que puede ser incorporado parcialmente por simpatizantes que no quieren "dejarlo todo".

Es posible reconocer la subcultura y sin embargo negar su autonomía. Todos sus medios de difusión –catálogos por correo electrónico, revistas para mujeres, telenovelas, publicidades para mujeres en medios impresos y en la televisión, literatura barata para mujeres– están bajo la poderosa influencia de los hombres. Estos dominan sus estructuras de propiedad y los medios orientados a hombres que suministran excitación a través de la vestimenta sexy (revistas especializadas, VH1, BET y Telemundo, películas y publicidades para hombres) también influyen sin lugar a dudas sobre los medios destinados a las mujeres. La subcultura femenina de vestimenta sexy puede entenderse entonces como una instancia de la colaboración de las mujeres con su propia opresión.

Pero dado que lo sexy no es sólo cuestión de ámbito sino de la decisión de acercarse o alejarse de su frontera de desviación, las mujeres *como grupo* no están impelidas a vestirse así para los hombres. Si todas las mujeres en un ámbito se desviaran hacia el siguiente ámbito más sexy, lo suyo no sería desviación sino redefinición de la norma. Algunas mujeres se desvían, pero la mayoría no. Un vasto número de mujeres –tradicionalistas, feministas e intermedias– no hacen sino "seguir" cualquier moda que sea, ya ignorando su presentación sexual, o no animándose, o sintiéndose incapaces de utilizarla, o rechazándola de plano.[62]

¿Por qué hacer a un lado las inmensas cantidades de energía, imaginación y trabajo que las mujeres invierten en la constante evolución de su repertorio de vestimenta? Esto sucede a nivel micro, donde hay un número indefinido de combinaciones posibles de ropa y cuerpo con significados finamente graduados en el lenguaje del sexo. Las mujeres utilizan este vasto repertorio para autoproducirse como artefactos generizados. De hecho, ellas producen el género.[63] Y esto sucede en los medios de difusión, que es donde se desarrolla el repertorio.

Creo que esto está atravesado por numerosas fuerzas, que involucran tanto a hombres como a mujeres, sin que sea posible resolver la cuestión del control de una manera simple. Por ejemplo, dado que vestirse sexy es una subcultura que influye sobre la cultura dominante, debe estar en constante evolución o corre el riesgo de ser "normalizada". La normalización amenaza su existencia en tanto subcultura que depende de la desviación o el desafío. También priva de su atributo sexy a cualquier atuendo sexy.

Esto se debe en parte a que los objetos sexualmente excitantes muestran tendencia a perder su carga erótica con el tiempo. La familiaridad engendra indiferencia. También se debe en parte a que desplazar un atuendo en particular (o un elemento del atuendo) del margen hacia la norma del ámbito socava su poder de sugestión para el fetichista-voyeurista. Cuando hace años que todas las mujeres en la playa llevan bikini, las dos piezas connotan "todas las mujeres en la playa" antes que "sostén y bragas". De acuerdo con el *Ladie's Home Journal* habría una contradicción entre las palabras "atrevida" y "respetable":

> Vestida para excitar
> Victoria no revelará todos sus Secretos, pero podemos adivinarlos: las ventas están por los cielos. Sus catálogos han logrado que las bragas sugerentes sean respetables para todos.[64]

Los hombres influyen sobre esta constante evolución, pero no la controlan. Las mujeres *negocian* con ellos, probando nuevas ideas y respondiendo a sus respuestas. No es un proceso evolutivo aleatorio mendeliano, sino uno en que las mujeres conceptualizan los deseos de los hombres y reaccionan a ellos con elecciones propias dentro de variaciones posibles y de acuerdo con sus propios impulsos autorales. Las mujeres como autoras compiten entre ellas por la aprobación masculina, pero también se influyen mutuamente y roban y modifican las ideas de cada una.

Algunos hombres negocian a su turno e influyen sobre las mujeres con elogios pero también con otro tipo de recompensas, que van desde propuestas matrimoniales hasta promociones laborales "inmerecidas". Otros negocian en la dirección opuesta, disuadiendo o penalizando las innovaciones. Las mujeres también negocian con otras mujeres, incentivando o castigando severamente cualquier viso de desviación. Ellas son las custodias primarias de los códigos pero también sus violadoras.

Todo esto ocurre en ámbitos cargados con su propio sistema de signos no relacionados con el heterosexo. Cualquier movimiento a lo largo del espectro de lo-que-es-sexy-para-los-hombres-heterosexuales estará fuertemente restringido por la necesidad de producir mensajes en todos estos otros códigos sobre todos estos otros asuntos. Por ejemplo, la vestimenta codifica el estatus en el lugar de trabajo.

Acaso el contexto restrictivo más importante sea que las mujeres se visten unas para otras y participan en un discurso mucho más complejo que el de vestirse sexy para los varones heterosexuales y que esto, para muchas o la mayoría de las mujeres, requiere una mayor inversión de interés y energía. Es imposible separar los aportes de productoras y consumidores en este complejo intersubjetivo, como sucede con la cultura pop en general. La soberanía de los (hombres heterosexuales) consumidores es un mito, tanto como la idea de una lisa y llana imposición de la cultura de masas por los (hombres) hacedores del gusto.

Esto no quiere decir que todo está bien porque las mujeres son libres de elegir cómo vestirse, de modo tal cualquier cosa que decidan hacer representa lo que "quieren" hacer. Sin negar que el régimen concede mucho más poder a los hombres que a las mujeres o que, como sostendré más adelante, el abuso sexual desempeña un rol constitutivo tanto en la definición de la vestimenta sexy como en su regulación, parece equivocado descartar la agencia femenina en la construcción social de la excitación masculina y la posibilidad de que existan placeres femeninos en esa construcción.

La posición convencional: la vestimenta sexy provoca el abuso sexual

Ella es una distracción constante para los empleados varones con sus tacones con clavos, sus medias de red y su escote profundo. Su maquillaje es más apropiado para una discoteca, y su falda es tan corta y ajustada que sus colegas se preguntan cómo puede siquiera sentarse.

[...]

Bauer y otros dicen que los empleados tienen la responsabilidad de cerciorarse de que su apariencia personal –sobre todo en el lugar de trabajo– no incentive indirectamente el acoso sexual.

No todos están de acuerdo con esa posición, pero una encuesta reciente realizada entre 1769 psiquiatras sugiere que muchos de ellos creen que hay una conexión entre el atuendo "provocativo" y el acoso sexual y los crímenes sexuales.

[...]

La encuesta incluye las siguientes afirmaciones y respuestas:

El atavío femenino que al hombre le parece invitar directa atención sexual tiende a incrementar el riesgo de delito sexual. Sí: 63%; No: 21%; El resto: Indeciso.

[...]

Cuando una mujer menor de edad está involucrada en un coito o en acoso sexual en el hogar, la informalidad en términos de desnudez o atavío revelador puede ser un factor determinante.

Sí: 81%; No: 17%.[65]

La posición convencional como narrativa

Este relato supone, a mi entender, una intersección compleja en nuestro inestable momento cultural. La descripción inicial de Julie Hatfield del atuendo de la mujer que se viste sexy puede interpretarse como parte de la crítica feminista a la coerción que el régimen ejerce sobre las mujeres con el propósito de inducirlas a autoobjetificarse para los hombres. El relato refiere al "debate sobre el acoso sexual" e intenta reflejar las opiniones de los "consultores que aconsejan a los directores respecto de cómo evitar el acoso sexual en el lugar de trabajo".[66] Pero su marcado apoyo a la idea de la responsabilidad femenina en el control de los deseos sexuales masculinos peligrosos se ubica con toda firmeza en el campo convencional, borrando de un plumazo veinte años de crítica feminista a esa asignación de imágenes y roles.

Hatfield ha puesto al día la posición convencional apelando a "datos empíricos" en vez de a la "naturaleza humana (es decir, masculina)" para establecer el vínculo entre vestimenta y abuso. El estudio al que remite es un verdadero ejemplo de ciencia social posmoderna: en vez de intentar recolectar datos sobre el efecto de la vestimenta en el abuso, su autora encuestó a "psiquiatras", sin indicación de que alguno de ellos hubiera realizado o visto alguna vez algún trabajo empírico sobre el tema. Las respuestas de los encuestados expresan el mismo tipo de autoridad que las del hombre al que, cuando le piden un consejo médico, no tiene inconvenientes en brindarlo porque si bien no es médico hizo el papel de médico en la televisión.

Lo que la historia hace es reformular, con una leve pátina de feminismo y ciencia social, una narrativa que es a la vez reflejo y elemento constitutivo de la ideología de las relaciones sexuales propia del régimen. En esta narrativa la mujer que viste ropa provocadora sufre abuso sexual. Ella le exige algún tipo de reparación al abusador. El abusador es llevado a juicio sobre la base de las acusaciones de la mujer, pero es exonerado o excusado en razón de lo que ella *hizo*. Desde dentro de la ideología del régimen, esta narrativa es perfectamente inteligible –tiene sentido a pesar de las reacciones iracundas y al parecer incrédulas de los críticos– y es también perfectamente funcional.

La emoción involucrada va más allá de "culpar a la víctima", que podría ser culpada por no "saber cuidarse". Ella "recibió su merecido". Ella es una mala persona. De acuerdo con la posición convencional, lo que hizo mal fue producir un signo particular –el de la vestimenta sexy– a sabiendas de que ese signo (a) tiene significado, y (b) producirá un efecto. La mujer es responsable porque en la narrativa de la vestimenta sexy ella entiende el significado y puede anticipar el efecto.

El significado del signo, desde esta perspectiva, es que la mujer desea tener sexo con hombres fuera del contexto de la intimidad doméstica. Esto lo entiende tanto la mujer como el hombre que capta el signo. El significado secundario es performativo: implica consentimiento a tener sexo con algún hombre fuera de la esfera doméstica e indica que la mujer entiende o debería entender que si rechaza a todos los hombres del ámbito determinado donde se encuentra será forzada o abusada de algún modo.

Desde esta perspectiva, la mujer que se comporta de una manera sexualmente provocativa ha consentido por adelantado ser violada o acosada si decide que no quiere tener sexo con ninguno de los hombres a quienes ha comunicado su disponibilidad. Tiene que concretar. Si no quería concretar, todo lo que tenía que hacer era no producir el signo.

De acuerdo, ¿pero por qué querría una mujer producir el signo? Para los tradicionalistas esta es una pregunta ingenua. La mujer es una mercenaria sexual o una perra o una calientahuevos. Mercenaria es aquella que intenta obtener algo de un hombre ofreciéndole sexo a cambio. Perra es la que quiere sexo indiscriminado, como si fuera un hombre. Calientahuevos es aquella que sigue su inclinación de mercenaria o de perra excitando a los hombres, pero sin la intención de "cumplir" la promesa que es el significado del signo de la vestimenta sexy. Puede no tener interés en la cópula u obtener un placer sádico en excitar y después frustrar el deseo masculino. Según la posición convencional, la sexualidad femenina que se despliega en cada uno de estos casos es maligna. Invita al sexo sin legitimidad social ni amor; es manipuladora o indiscriminada o sádica. Pero puede funcionar. Cuando funciona, la mujer utiliza su poder sexual sobre los hombres –que ejerce cuando produce el signo de la vestimenta sexy– para obtener un éxito inmoral. El abuso ocurre cuando la mujer que se ha propuesto calentar al hombre es "descubierta" y forzada a cumplir su parte del acuerdo, o cuando la mujer cambia de idea y decide que quiere retirar la oferta/promesa que realizó cuando produjo el signo.

El correspondiente deseo de sexo ilícito del hombre también es inmoral, aunque "natural", y está tan mal en abstracto como el de la mujer; y por lo demás el abuso es malo en sí mismo. Pero la situación presenta una asimetría que explica por qué la más culpable es ella. En esta narrativa la mujer toma la iniciativa al producir el signo excitante y la reacción del hombre es involuntaria. Su violencia es la pura expresión de un deseo excitado y después frustrado. Las mujeres producen estas reacciones antisociales a través de acciones deliberadas, de modo que son responsables tanto de la lujuria como de la violencia.

Pero eso no es todo. El abuso masculino de la mujer que se viste sexy no es el mero cumplimiento de un contrato ni una consecuencia indeseada de la involuntaria excitación masculina; más bien satisface la pulsión de furia sádica del público inculpador. Ella "recibió su merecido", "se lo buscó", "lo estaba pidiendo". Esta reacción punitiva de los hombres y mujeres tradicionalistas parece estar relacionada con la en apariencia intencional violación del acuerdo patriarcal de género que establece que las mujeres serán madonas (esposas/madres o vírgenes) o putas.

La mujer que se viste sexy amenaza el interés de los hombres y las mujeres tradicionales en la reproducción estable del régimen. Ella juega con las fuerzas explosivas, "naturales" de la sexualidad fuera de marco. No sólo sucumbe a la tentación o queda atrapada cuando cambia de parecer; todo el curso de su conducta, lo que la llevó allí, fue una forma de engaño, de aprovechamiento, de subversión egoísta del tenue acuerdo que brinda a las mujeres en general seguridad contra el abuso y a los hombres protección contra la fuerza destructiva de su propio deseo competitivo por las mujeres.[67]

La narrativa expandida –cuando la mujer acusa al hombre de violación o de acoso sexual, la sociedad afirma que si él ha hecho lo que ella dice es un criminal, los hechos se investigan, resulta que ella actuó provocativamente, él es liberado y ella queda desgraciada– plantea y resuelve las preguntas respecto de si existen mujeres de este tipo y, en caso de que existan, cómo habría que tratarlas. También formula y responde otras preguntas que vienen a la mente cada vez que una mujer acusa de abuso a un hombre aparentemente sano.

¿Es cierto que las mujeres se benefician de un acuerdo consistente en renunciar a su autonomía a cambio de protección contra el abuso? Si los hombres pueden abusar libremente de las mujeres que no son culpables, existe la posibilidad de que no haya ningún acuerdo y las mujeres estén renunciando a su autonomía por nada. Por otro lado, si las mujeres que rechazan el acuerdo e insisten en su autonomía sexual obtienen protección en sus negociaciones como agentes libres con los hombres, entonces el resto de las mujeres también estaría renunciando a su autonomía por nada.

¿Cómo son en verdad los hombres? Si negocian con las mujeres como iguales en las transacciones sexuales, entonces no es tan riesgoso rechazar el acuerdo. Por otro lado, si hombres que no están locos violan y abusan por puro placer, ningún acuerdo podrá brindar seguridad a las mujeres.

La narrativa contesta estas preguntas de la siguiente manera:

1. La norma de protección patriarcal de las mujeres es clara: los hombres no deberían violar o acosar sexualmente a aquellas que cumplen su parte del acuerdo.
2. La norma que regula que las mujeres deberían encontrar satisfacción sexual con un solo protector hombre es clara: las mujeres no deberían presentarse como si estuvieran sexualmente disponibles fuera de la esfera doméstica.
3. Las malas mujeres que rechazan el acuerdo –mercenarias, perras y calientahuevos– son castigadas con el abuso y después con la desgracia, por lo que el acuerdo conlleva beneficios reales incluso para las mujeres que se sienten ambivalentes o enojadas por haber renunciado o tener que evaluar la posibilidad de renunciar a su autonomía.
4. Los hombres son ciertamente peligrosos y violentos, sobre todo en relación con aquellas mujeres que se presentan como agentes sexuales libres, por lo que el acuerdo tiene mucho para ofrecer.
5. Pero los hombres sanos no abusan al azar: las mujeres están a salvo siempre y cuando cumplan los términos del acuerdo.

La narrativa resulta atractiva porque estas respuestas restablecen el equilibrio, el *statu quo ante*, que se vio amenazado por las acusaciones iniciales de la mujer. Me parece plausible que quienes sostienen la posición convencional deseen, consciente o inconscientemente, que las acusaciones de abuso en el mundo real se ajusten a la narrativa. Es probable que se esfuercen por interpretar los hechos de una manera que promueva este ajuste. Es probable que hagan suposiciones, distribuyan la carga de la prueba e imaginen el contexto para posibilitarlo. En resumen, la narrativa es una herramienta en la tarea ideológica de legitimar el régimen.

Respuestas a la narrativa

Los enemigos del régimen no pueden "probar" que la narrativa del régimen es falsa así como una encuesta a psiquiatras tampoco puede probar que un "atavío revelador" es causa de incesto. La narrativa no es una teoría formal, sino una manera de entender un curso específico de acontecimientos en el mundo. En cualquier caso dado, todos pueden concordar en que "no aplica" o en que lo que en verdad sucedió no fue así. Pero la narrativa aún está ahí para facilitar el proyecto ideológico tradicional en el próximo caso. Las respuestas no son menos ideológicas que la narrativa, en el sentido de que también intentan construir moldes, historias ejemplares, "modelos" que alivianarán pero también influirán sobre las futuras interpretaciones.

Una respuesta es una contranarrativa del abuso donde la vestimenta es irrelevante, una historia donde no importa en absoluto qué llevaba puesto la mujer. En esta versión la conducta masculina ya no se interpreta como una reacción incontrolable a la producción de un signo que todos los participantes entienden bien, sino como una combinación de la sexualización arbitraria de los cuerpos femeninos y la voluntad de poder sobre las víctimas. Cuando los hombres despliegan a posteriori la narrativa del régimen para explicar lo que pasó, están mintiendo o racionalizando. Una carta al editor en respuesta al relato de Julie Hatfield arriba citado lo expresa así:[68]

> Hatfield sostiene que las empleadas mujeres deberían dejar sus ropas transparentes en casa. ¿Pero qué tal si resulta que el acosador se excita con los pulóveres y los jeans, con la ropa de hombre? [...] La vestimenta femenina no es causa de abuso sexual. Por el contrario, su causa es el perpetuo hambre de poder del perpetrador. En vez de decirles a las mujeres cómo aplacar a los agresores, Hatfield y su acólitos deberían educar a esos agresores para que respeten los derechos de las mujeres.[69]

Creo que la dificultad para aceptar esta respuesta radica en que ignora la existencia del sistema de signos. Es verdad que algunos hombres son capaces de erotizar cualquier forma de vestimenta femenina, y que no hay uniforme que repela categóricamente la atención sexual indeseada.[70] Incluso puede ser cierto que producir el signo de la vestimenta sexy brinda protección contra algunos acosadores en algunos ámbitos porque los intimida. Y es probable que una mujer que viste ropas extremadamente modestas en un ámbito donde la norma dice que debería llevar un atuendo bastante sexy sea abordada por hombres que identifican su actitud con la vulnerabilidad sexual. Los empresarios varones abusan de las empleadas que no son lo suficientemente sexys como para vender. Por lo tanto es correcto afirmar que la teoría del régimen que postula que "la vestimenta femenina provocativa es causa significativa de abuso sexual" es un mito.[71] Lo es en el sentido de que una narrativa que destaca la vestimenta en el complejo contexto del abuso es patentemente ideológica, y en el sentido de que hacer que todas las mujeres se vistan de manera "conservadora" no eliminaría y (aquí estoy adivinando) acaso tampoco disminuiría la cantidad de abusos.

Pero no creo que el pensamiento mitológico explique las respuestas a un cuestionario en una entrevista sobre la violación que lista posibles medidas que la afectada podría haber tomado para "aumentar su seguridad". Una de esas preguntas era: "Cuando sale sola, ¿qué tan a menudo intenta no vestirse de manera provocativa o sexy?". El 58% de las mujeres contestó "siempre", el 18% "nunca", el resto entre medio.[72] Fuera de la violación, muchas mujeres perciben que la transgresión del código de vestimenta en la dirección de ser "demasiado sexy" produce el riesgo particular de recibir persistentes propuestas, contacto indeseado, comentarios sugestivos, exhibicionismo, llamadas telefónicas obscenas y otras cosas parecidas tanto de acosadores "cretinos" como de machos en la calle y en la oficina.

No es que la vestimenta "cause" la reacción como un germen causa un resfrío.[73] Pero en un caso concreto podría ser obvio que el abusador interpretó el atuendo como un signo, como la expresión de un significado sobre esa mujer y/o sobre las mujeres en general. Luego reaccionó a –abusó de– la mujer tal como la interpretó "leyendo" ese signo. Si ella no hubiera producido el signo, no habría obtenido la reacción, aunque tal vez el hombre habría encontrado a alguien más que lo produjera y habría abusado de ella, no teniendo éxito en la empresa, habría intentado abusar sobre una base distinta. Aunque no sé qué parte del abuso sucede de esta manera, no obstante lo he visto suceder de esta manera.

Esto no quiere decir que la mujer que produce el signo tenga la intención de suscitar la atención sexual, menos aún el abuso. Los significados de los signos de la vestimenta se encuentran actualmente en discusión y, en consecuencia, son muy inciertos. Otra carta al editor en respuesta al relato de Hatfield dice lo siguiente:

> Disfrutar de lo que una viste es una cosa, pero muchas mujeres equivocadas se visten de manera provocativa para buscar la atención y la aprobación

de los hombres, no necesariamente sus avances. A los hombres se les dice que esos atuendos son una señal de que los avances son bienvenidos. ¿Por qué, después de todo, una persona en su sano juicio se vestiría así para su propia comodidad o placer?[74]

Si el abuso a veces ocurre en este tipo de contexto interactivo, entonces la posición contraria al abuso es en parte una exigencia de revisión de los significados convencionales del lenguaje de la vestimenta, o una resolución del debate actual sobre esos significados a favor de la libertad de acción de las mujeres. Aunque estén "equivocadas", debería permitírseles producir este signo sin que tenga el significado que (algunos) hombres le atribuyen. Ellos no deberían interpretarlo como una invitación o un consentimiento anticipado a la violencia.

Esta posición acepta que hay un signo –vestirse sexy– que en un nivel es mutuamente entendido (sabemos lo que es), pero que en otro nivel tiene un significado discutible (¿es o no es una invitación y un consentimiento?). Lo que se postula aquí es que los hombres deberían aceptar que las mujeres pueden producir el signo sin ofrecer con ello una excusa para modificar el significado masculino "apropiado". Un hombre que respondiera al signo con avances indeseados o con abuso estaría rompiendo las reglas y convocando el castigo, tal como ocurriría si afirmara que un banco que se presenta como "amistoso" en sus avisos publicitarios justifica el robo a mano armada.[75] Vestirse sexy ya no sería (o al menos todos estarían de acuerdo en que no debería ser) peligroso como es ahora. O, si pensamos que no hay ninguna conexión entre la producción del signo y las reacciones abusivas, la amenaza de abuso imaginaria ya no sería un factor en las decisiones de las mujeres sobre su vestimenta.

Diferentes reacciones al relajamiento de las sanciones contra la vestimenta sexy

Si efectivamente ocurriera un cambio de esa magnitud en nuestro sistema social, de manera que ya no hubiera un guion para el abuso disciplinario de las mujeres que se visten sexy, probablemente provocaría cambios en el comportamiento de las mujeres y los hombres. Con esto no quiero decir que las mujeres serían libres de "vestirse como quieran", porque aun en ausencia de abuso continuaría vigente el conjunto de presiones internas y externas para cumplir con los variados códigos de vestimenta. Pero la producción del signo de vestirse sexy sería menos peligrosa que ahora. El resto de esta sección explora la hipótesis de que habría un consiguiente aumento de violaciones del código de vestimenta en dirección a lo sexy. Ese cambio sería controversial. De hecho, traería a la superficie profundos conflictos ideológicos en el campo de los críticos del régimen.

El análisis de costo/beneficio del abuso disciplinario sugiere que acabar con el abuso a las mujeres que se visten sexy tendría consecuencias positivas para aquellas que ya violan la norma y también para aquellas que empezarían a violarla en cuanto las penas se redujesen. Habría pérdidas para aquellas que aprueban las normas y no quieren ver más mujeres vistiéndose sexy, aun si desaprueban la implementación justiciera. Toda la subcultura de cultoras e impulsores saldría ganando, incluidos aquellos que aprecian la vestimenta sexy sin excitarse y quisieran verla más a menudo a pesar de la norma.

El problema de este enfoque es que asume de manera ingenua que en la actualidad las mujeres violan la norma porque "quieren" y que, por la misma razón, la violarían más si hubiera menos sanciones. Para poder ahondar en un conflicto de intereses real entre hombres, entre mujeres, y entre hombres y mujeres, tendremos que explorar este "querer" en vez de darlo por sentado. Para empezar, el comportamiento regulado es la producción de un signo para otras personas, no una actividad como comer un helado en privado.

Una analogía con comer helado en privado sería que la mujer que se viste sexy "consume" y valora que no la sancionen porque quiere poder disfrutar de esta actividad al menor costo posible. Pero por tratarse de un asunto de producción simbólica, esta hipótesis es menos plausible en este caso que respecto de otras maneras más convencionales de consumo. La vestimenta femenina también es una expresión, y en algunos casos concretos puede ser una representación estratégicamente equívoca del estado interior de la persona. Reducir el abuso disciplinario de las mujeres que se visten sexy afectará a distintas mujeres de manera diferente, según cómo se relacionen con este (restringido) conjunto de oportunidades.

El pensamiento liberal convencional sobre este tipo de cuestiones tiende a asumir un contraste tajante y no problemático entre elección y coerción.[76] Así, podemos decir que aquellas que responden a la reducción del abuso disciplinario perpetrado contra las mujeres que se visten sexy en el ámbito laboral vistiendo atuendos todavía más sexys se benefician porque han escogido cambiar su comportamiento. Si están "en su derecho" de hacerlo, es porque el beneficio privado es también un bien social. Pero en este caso parece mucho más plausible suponer un *continuum* (acaso un *continuum* recursivo) entre elección y coerción.

Si juntamos las diversas vivencias de libertad y coerción de las mujeres con las posibilidades de un uso estratégico antes que simplemente expresivo del código de vestimenta, resulta claro que cualquier cambio en los incentivos puede ser vivenciado de muchas maneras diferentes.

a) Una mujer puede sentir que la reducción de las sanciones la coacciona a vestirse sexy. La coacción puede venir de un hombre en particular que quiere que ella se vista como una desviada para él, o de un empleador, o de un grupo de amigas. Una mujer como esta recibirá con beneplácito las sanciones contra quienes se visten sexy porque contrarrestan la presión y le dan una "buena razón" para justificar sus preferencias. Si esta mujer responde al relajamiento de la disciplina de la vestimenta optando por un atuendo más sexy, no está moviéndose hacia arriba sino hacia abajo en la curva de indiferencia.

b) Puede vivir el cambio como algo que le permite hacer felices a los hombres, reduciendo los peligros que entraña hacer lo que ellos quieren, o aparentar los sentimientos que ellos quieren que tenga. En otras palabras, puede ser la ocasión para disfrutar del placer de consentir los deseos de otro. En lenguaje económico, la función de utilidad de la mujer puede no ser discreta respecto de la de su público. Tal como ocurriría en el caso anterior, aquí no está involucrado ningún sentimiento sexual del tipo de los que convencionalmente se entiende que expresa el atuendo sexy. No se trata de lo que la mujer, de manera autónoma, siente y luego expresa, sino de lo que piensa que los hombres quieren que ella sienta. El cumplimiento (la sumisión) puede estar erotizado o no.[77]

c) Una mujer puede obtener placer sexual de la combinación de su agencia en la creación de una representación de sexualidad con la reacción sexual de su público. En otras palabras,

puede ser una exhibicionista. Puede vivirlo
como una compulsión de la que preferiría liberarse o como una parte de su naturaleza sexual
que la complace. Puede lamentar que se reduzcan las sanciones porque eso la deja a merced
de su compulsión, o recibir de buen grado la
reducción del riesgo que conlleva llevar adelante su perversión.

d) Algunas mujeres pueden sentir que la reducción del abuso aumenta su poder en tanto les
permite explotar un recurso –la habilidad de
vestirse sexy con éxito– a expensas de otras
mujeres (que no son tan buenas en eso) y de los
hombres (que son marionetas en sus manos).
De nuevo, la ganancia no se relaciona con la
habilidad de expresar el ser sexual "verdadero",
sino con tener mayor libertad para explotar el
recurso de la *percepción* de lo sexy. Para otras
mujeres, la elección de vestirse más sexy en
el lugar de trabajo postabuso puede ser una
manera de minimizar las pérdidas causadas por
el aumento de poder de negociación del grupo
aventajado.

e) El entendimiento convencional de la vestimenta como expresión puede hacer que algunas
mujeres sientan mayor bienestar porque ahora
pueden "decir lo que quieren" de una manera
que antes hubiera sido peligrosa.

f) Una mujer puede vivenciar un aumento, no
en la capacidad de expresarse sino en la de
producir un personaje sexual complejo que
refleje en parte sus "verdaderos" sentimientos
sobre su ser sexual, pero también sus ideas
sobre las mujeres, el sexo, la moda y todo lo
demás, y su deseo de reacción sexual y estética
por parte de los otros.[78] Aquí el placer reside

> en la autoobjetificación como performance, en el placer de la creación y la relación culturales, antes que en ser capaz de traducir hacia el mundo el ser sexual interior a través de la representación.[79]

Al considerar cada una de estas seis reacciones hipotéticas debemos tener en cuenta que los placeres del sexo están conectados con los placeres de la disputa ideológica y la transgresión. Cambiar la norma puede deserotizar un comportamiento que tenía los placeres del desafío o de la desviación. Esto vale tanto para la mujer que se viste sexy como para su público. Cuando la cultura adolescente "punk" adaptó el look de la lesbiana marimacho de clase trabajadora modificó su sentido erótico desplazando su significado de una forma de desafío a otra. Cuando la moda punk se vendió a la cultura dominante, las chaquetas de cuero con cadenas volvieron a ganar y perder significados eróticos y de otras clases.

El aumento de la cantidad de mujeres que se visten sexy en el lugar de trabajo, producto de la reducción de las sanciones disciplinarias, podría "normalizarse". La subcultura de la vestimenta sexy y sus oponentes se adaptarían al cambio, como todos los demás, y la "acción" se desplazaría a la frontera exterior de una nueva regla. Las exhibicionistas tendrían que testear –de manera compulsiva o no– la nueva regla como testearon la vieja o resignarse a perder a sus voyeurs; las que se expresan a sí mismas tendrían que desafiarla para poder transmitir sus verdaderos sentimientos; las artistas del género tendrían que llevarla al límite para transmitir sus mensajes culturales.

Esta propiedad "semiótica" de la norma revela que hay menos en juego de lo que en principio parece. Las mujeres y los hombres se comunicarán y se autoproducirán como objetos cargados de cultura y actuarán, utilizando la oposición que la norma establece entre lo exigido y lo prohibido, sin importar dónde se escoja trazar la línea. Pero esto no quiere decir que no haya absolutamente nada en juego.

Primero, el relajamiento de las sanciones podría no tener ningún efecto sobre el quantum de la vestimenta sexy en tanto desviación de la norma, pero sí un efecto importante en el conflicto a largo plazo sobre la erotización de los medios de difusión, los lugares de trabajo y el espacio público. Los tipos particulares de erotismo característicos del régimen podrían prosperar, a través de las acciones de los distintos tipos de mujer descriptos y sus colaboradores masculinos, a expensas de la variedad actual de modalidades deserotizadas de autopresentación femenina.[80]

Segundo, los cuerpos y las psiquis de las abusadas están en riesgo. El escenario para el juego de los signos es a veces un campo de la muerte. Una reducción del monto total de violencia contra las mujeres, o incluso su deslegitimación por repudio de la narrativa del régimen que afirma que "ella se lo buscó", tendría consecuencias directas e indirectas para millones de mujeres. Estos dos conjuntos de efectos –los que afectan la calidad de vida erótica bajo el régimen y los que afectan a las mujeres que son objeto de diversos tipos de violencia disciplinaria– suscitan reacciones apasionadas. Involucran la disputa ideológica general sobre la sexualidad.

Conflicto ideológico sobre la disciplina de las mujeres que se visten sexy

Los conflictos de interés respecto del vestir sexy surgen en buena medida de diferencias ideológicas acerca de su significado para los actores y los observadores involucrados. Hay conflictos profundos entre hombres y entre mujeres respecto de cómo interpretar "las vidas hedonistas de las mujeres",[81] de cómo deberíamos responder a la coerción o a ser engullidos por funciones de utilidad masculinas, o al exhibicionismo, etc. Otro tanto sucede a la hora de decidir cómo interpretar y responder a la reacción del público de (hombres y mujeres) dominadores, voyeurs, mojigatos, estetas, etc.

Un mapa tentativo de ideologías se vería más o menos así:

Reacción	Patriarcado liberal	Radicalismo
Tradicionalismo neopuritano (sexo = peligro de pecado)	Separación clara entre sexo limpio y sexo sucio (Casa de familia y casa de prostitutas)	Feminismo neopuritano (sexo = peligro de abuso)
Tradicionalismo prosexo (La Mujer Total)[82]	Sexo "consensuado" que es sano y no sucio (manuales sexuales y "revolución sexual")	Posmo prosexo (Placer y Peligro)[83]

Podríamos apoyar la grilla de posiciones sobre la grilla de tiempos y lugares para la producción y expresión de la sexualidad. En el lugar de trabajo heterosexual, por ejemplo, cada posición ideológica tiene una valencia en pro de normas más permisivas o menos permisivas. Las personas en diferentes posiciones ideológicas tienden a tener muy diferentes apreciaciones de los costos y beneficios de un aumento en la cantidad de mujeres que se visten sexy, provocado por una reducción en el abuso sexual disciplinario.

El tradicionalismo prosexo apoya los roles de mujer tradicionales en el hogar, en el lugar de trabajo y en el espacio público, pero rechaza la conexión neopuritana entre sexo y pecado. Es una estrategia de la posición reaccionaria para adaptarse a la evolución del patriarcado liberal hacia una mayor permisividad. La "mujer total" de Marabelle Morgan está totalmente a favor, no sólo del placer físico, sino de los gestos y la parafernalia sexual habituales en nuestra cultura. Lo sexy *dentro del matrimonio*, según ella, es parte integral del poder de la mujer sobre su marido, es juego limpio en la batalla de los sexos y es una base de estabilidad (junto con la religión) para la vida de familia.[84] *The Ladies Home Journal* representa una versión más moderada, más sofisticada de esta posición, con un fuerte componente feminista progresista.

Los hombres y las mujeres que adoptan esta posición tienden a aceptar el guion convencional según el cual las mujeres que se visten sexy en el lugar de trabajo provocan, aunque no merecen, el abuso disciplinario: no respetan la distinción de ámbitos dada por Dios, que establece que una mujer sólo debe ser puta en el dormitorio matrimonial. Es probable que un incremento marginal en la vestimenta sexy en la oficina en respuesta al relajamiento de las sanciones se vea como exhibicionismo, cosificación o blasfemia posmoderna. Más aún, constituye una amenaza al matrimonio, al monopolio legítimo de la esposa sobre la vida sexual de su marido.

La rama neopuritana del feminismo radical adopta una actitud mucho más intransigente hacia la "revolución sexual" y el énfasis del feminismo progresista en el consentimiento entendido como criterio de sexualidad saludable. Desde esta perspectiva, el relajamiento de las prohibiciones sexuales sumado a la erotización general de la cultura han perjudicado a las mujeres porque su "consentimiento" ocurre en un contexto de radical desigualdad de poder. La manera en que la sociedad construye la sexualidad para que esta se adecúe al modelo masculino (la erotización de la dominación) implica desigualdad. Los hombres y mujeres socializados de este modo más tarde se confrontan en encuentros personales donde los hombres son violentos o amenazan con violencia, despliegan su estatus económico superior y manipulan el discurso del consentimiento para obtener lo que quieren.[85]

Desde esta perspectiva, la realidad central de las relaciones sexuales es que los hombres son un peligro para las mujeres. Más aún, "bajo la supremacía masculina, la heterosexualidad asegura que cada persona esté íntimamente colonizada por la clase dominante".[86] La reducción del abuso sexual puede ser un bien importante para las feministas neopuritanas, en tanto cualquier incremento concomitante en la cantidad de mujeres que se visten sexy puede constituir objetificación. Desde esta perspectiva ideológica, es probable que el cambio en el comportamiento marginal de la mujer parezca coercitivo o compulsivo o cosificado.

La regulación *no abusiva* de la vestimenta sexy, mediante la negociación entre mujeres y la aplicación de sanciones sociales a las desviadas, sería entonces, desde mi perspectiva de observador masculino, una práctica feminista común. Muchas feministas implementan códigos de vestimenta entre ellas y trabajan en pos de su aceptación general porque están convencidas de que expresan una actitud mejor y más sana hacia la sexualidad que la de la subcultura de la vestimenta sexy. Ellas piensan que las convenciones de la vestimenta sexy, el contenido efectivo del sistema de signos, reflejan opiniones patriarcales sobre el atractivo de las mujeres, en particular aquella que sostiene que lo que hace atractiva a una mujer es su vulnerabilidad a la dominación y su accesibilidad a la apropiación sexual masculina.

En lo personal, yo me ubicaría en el recuadro posmo (posmoderno) prosexo del esquema. Esta posición afirma no sólo la posibilidad sino la realidad (a veces) de un gran placer en el heterosexo, y el carácter (a veces) liberador, oposicional de ese placer. Pero no privilegia la heterosexualidad y afirma idénticas posibilidades para las prácticas de las minorías sexuales y las prácticas cotidianas que se codifican para que la vida erótica se manifieste en todo, desde cocinar hasta enseñar hasta vestir.

Una diferencia importante con la rama neopuritana del feminismo (y con buena parte del pensamiento de izquierda restante) es la versión posmoderna del significado de la frase "construcción social". El cliché nos dice que: "Hasta que nosotros decidamos hacernos cargo de esa tarea, la cultura dominante continuará construyendo nuestra realidad y formando nuestros valores".[87] Pero la "cultura dominante" nunca tiene la coherencia ni el poder necesarios para construirnos de esa manera, y nosotros nunca logramos colocarnos en esa posición "externa" a nosotros-en-la-cultura que nos permitiría "hacernos cargo de la tarea". En todo momento nuestra posición está condicionada por lo que ocurrió antes, de modo que sólo podemos hacer y ser ciertas cosas. Cuando más plenamente nos sentimos eligiendo, improvisando, más estamos resonando los cambios en los limitados guiones que la cultura pone a nuestra disposición. Pero no obstante muchas veces modificamos esos guiones.[88]

El manifiesto posmo prosexo ya fue escrito, por Marny Hall, bajo el poco misterioso nombre de "antisexo":

> El antisexo, a pesar de su designación oposicional, es sexo patriarcal apropiado y no su opuesto. En consecuencia, si bien el antisexo cuestiona las viejas construcciones, también contiene elementos del viejo que pueden recombinarse en nuevos guiones de placer que se amolden a las historias, fantasías y neuropsicologías de los íntimos. En este proceso revuelto, las viejas prácticas falocéntricas, en vez de funcionar como un molde invisible para hacer el amor, pueden ser impelidas hacia la conciencia, reorganizadas, renovadas y combinadas con elementos de otras dimensiones de la experiencia.[89]

Las personas que adoptan la posición posmo prosexo no son menos propensas que otras a emitir juicios morales y políticos sobre las estructuras sociales y la conducta personal. La perspectiva posmo prosexo no es que "todo vale" sino que "todo *puede* valer". La coerción, la absorción, la compulsión y el abuso sexual son reales y hay que odiarlos. El placer y la resistencia se relacionan simbiótica e incluso parasitariamente con ellos, no mediante la permanente obliteración y remplazo del régimen.

En el próximo capítulo desarrollaré esta idea en el contexto de la vestimenta sexy, focalizándome en los modos en que el lenguaje de la vestimenta promueve la erotización de la dominación masculina de las mujeres y simultáneamente permite su subversión.

5. El abuso y la resistencia en el lenguaje de la vestimenta sexy

En nuestra cultura se utilizan ciertos ítems de vestir particulares para significar las ideas abstractas de "hombre" y "mujer". Esta no es una idea compleja o mística. ¿Cómo sabemos, cuando queremos orinar, cuál es el baño de damas y cuál el de caballeros?

No todas las mujeres usan vestido, pero un vestido o la imagen de un vestido es un signo que, empleado junto con el signo opuesto de los pantalones o la imagen de un pantalón, tiene el significado convencional de "mujer". Ciertos ítems particulares de vestimenta –una falda con cierto corte, un sombrero con cierta forma– cumplen una función similar como significantes en el sistema de oposiciones dentro del lexicón constituido por todos los ítems de la vestimenta femenina.[90] Los ítems de vestimenta (o sus imágenes) significan que la mujer que los usa es cierto tipo de mujer. Esto es obvio en el caso de los uniformes específicos de ciertas ocupaciones (policía, stripper). Pero la vestimenta significa también "tipos de carácter":

> En tanto tipo, la mujer del hombre puede ser o no una mujer fatal; pero ella está definida por sus relaciones con hombres, y es en su presencia que su fuego esplende. Para su aura es esencial una hiperfemineidad; por implicación ella se separa de las mujeres que son "varoniles" u hogareñas o demasiado inteligentes, o que tienen ambiciones masculinas, o que pueden de alguna otra manera amenazar la hegemonía de los varones. Esta sirena ha sufrido un revés con el surgimiento del feminismo, que premia los caminos más directos o no sexuales al poder. [...] Piensen en las estrellas de los años ochenta: Meryl Streep, Sally Field, Sissy Spacek, Goldie Hawn, Mia Farrow: todas buenas chicas. Ninguna de ellas se pondría un sostén torpedo o un corset, ninguna llamaría cuando estás fuera de la ciudad en un viaje de negocios y, encontrando a tu marido/amante solo y solitario, sugeriría un encuentro.[91]

Una tercera modalidad de significación es aquella en que una determinada mujer expresa su estado de ánimo a través de lo que elige vestir en una determinada ocasión. El *Ladies' Home Journal* pidió hace poco a sus lectoras "consejos para mantener un matrimonio apasionado" y publicó diez de las respuestas recibidas. En una de ellas, una esposa recomendaba "llevar a escondidas" una maleta con la "lencería más sexy" en una escapada romántica; en otra, cada miembro de la pareja hacía "cosas especiales para el otro". La esposa, por ejemplo, usaba "un lindo camisón para una cena romántica".[92] Esta es la versión tradicionalista prosexo del sistema de signos, pero las personas de otras persuasiones ideológicas o diferentes subculturas seguramente elegirían signos diferentes para expresar otras cosas. Lo esencial aquí es que la vestimenta significa tanto actitudes cotidianas (para los hombres y las mujeres) como tipos de género y carácter.

No obstante, los ítems de vestimenta hacen algo más que significar aun en el caso más simple de los carteles en las puertas de los baños de hombres y mujeres. Vestirse es una de las maneras más importantes que tenemos las personas de reflejar, reproducir y cambiar nuestras construcciones sociales de las diferencias entre hombres y mujeres, las relaciones apropiadas entre los sexos y la hetero y la homosexualidad a través del tiempo.[93]

No me explayaré en una elaborada glosa del reflejo, la reproducción y el cambio. Sólo diré que si queremos entender el régimen de género, lo encontraremos desplegado, reflejado o codificado en la vestimenta. Pero vestir es algo más que reflejar un orden situado en otro lugar; es producir un signo, lo queramos o no; es actuar, es expresar algo.

En tanto expresión, es doble. Por un lado representa a, o dice algo sobre, quien se viste sitúa al portador de la vestimenta en una de las varias categorías de personas disponibles, inteligibles. Pero esto es apenas la mitad del asunto. La vestimenta es performativa en tanto hace algo distinto de representar un "interior". Cuando un hombre o una mujer componen un atuendo están afirmando implícitamente las ideas codificadas en ese atuendo, que no sólo son ideas sobre el sujeto sino sobre el género. La vestimenta es una operación que se concreta utilizando las convenciones y también un comentario sobre las convenciones.[94]

Puede expresar adhesión al régimen pero asimismo alguna forma de desvinculación u oposición. Es como votar. Pone a quien se viste de un lado o del otro. La performance de vestimenta que refleja las ideas del régimen también lo produce, en tanto lo prolonga en el tiempo como "la misma cosa". Las ideas divergentes pueden cambiar el régimen, aunque no suelen hacerlo. No sé si esto necesariamente debe ser así, pero está claro que es un aspecto de nuestra situación cultural particular.

Por ejemplo, la vestimenta sexy (desviación de la norma hacia un ámbito más sexy) puede leerse como una crítica a la asexualidad insípida y utilitaria de un ámbito y las personas que lo integran. La vestimenta conservadora puede parecer una crítica a los estereotipos de género codificados en las modas femeninas de ese ámbito. También puede leerse como una crítica al comportamiento convencionalmente femenino de las otras mujeres de ese ámbito.

Un vestido o la imagen de un vestido funcionan sin ambigüedad como signos de la idea de "mujer" en oposición a los pantalones, y es probable que si alguien no logra interpretar correctamente el signo, sea considerado estúpido o raro. Pero la teoría de que más allá de la idea de "mujer" existen teorías que reflejan, reproducen o resisten este signo particular es discutible. Las mujeres de los ejemplos citados podrían negar su intención de transmitir algo con su vestimenta ("es personal, no es político"). Entre quienes (la mayoría de la gente) se abocan a la discutible empresa de interpretar "ideológicamente" la vestimenta, al menos en parte, no hay consenso sobre cuáles son las ideas específicas que afirman las prendas de vestir.

Esto quiere decir que cualquier acto de vestimenta puede tener diferentes significados para diferentes observadores, y diferentes efectos sobre ellos. Una persona puede verlo como oposición, y otra como conformidad. Un acto particular de vestimenta interpretado como conformidad puede incitar a alguien a emprender una resistencia hastiada y persuadir a otro de que la resistencia es inútil. Es imposible predecir con certeza cuáles actos cambiarán la cultura en vez de reproducirla, y es probable que haya que debatir la definición misma del cambio.[95]

El siguiente ejemplo de efecto ideológico no intencional fue tomado de un artículo publicado en *Time* sobre la posibilidad de que las diferencias entre los sexos sean innatas:

> Hasta los escépticos profesionales se han convertido. "Cuando era más joven creía que el 100% de las diferencias entre los sexos se debía al ambiente", dice Jerre Levy, profesora de psicología en la Universidad de Chicago. Su propia hija dio por tierra con esa noción utópica. "Mi hija tenía quince meses y yo le había puesto su camisoncito de nena. Cuando llegaron los invitados entró en la habitación, sabiendo perfectamente bien que tenía un aspecto adorable. Entró con esa forma pícara de caminar, ladeando la cabeza, parpadeando, en particular hacia los hombres. Les aseguro que no han visto un coqueteo como ese en toda su vida." Después de pasar veinte años estudiando el cerebro, Levy está convencida: "Estoy segura de que hay diferencias de origen biológico en nuestro comportamiento".[96]

Me parece que las reacciones feministas a las cuestiones de vestimenta a menudo suponen que las mujeres son a los hombres lo que esta niña a su mamá. Los actos de vestimenta de las mujeres, como los actos de habla, producen el mundo, refuerzan o socavan estereotipos de género así como la niña convirtió a su madre de una posición nutricia a una naturalista (y por cierto tradicionalista). A menudo percibo este tipo de crítica feminista de la vestimenta femenina en el aire, pero rara vez escucho a alguien enunciarla. Dice algo así: Toda vestimenta de mujer que es claramente vestimenta de mujer demarca los sexos y al mismo tiempo los *define*. La vestimenta femenina refleja y reproduce los estereotipos sobre las mujeres: se supone que ellas son más suaves, más cálidas, más emocionales, expresivas, volátiles, nutricias, exhibicionistas, etc., que los hombres.

La vestimenta de las mujeres (según esta interpretación) también refleja y reproduce una teoría sobre cómo deberían relacionarse y cómo se relacionan los hombres con las mujeres. Las faldas y los vestidos son diferentes de los pantalones en un primer nivel simbólico: las faldas denotan vulnerabilidad y los pantalones protección. Falda significa: mi sexo está escondido pero no protegido por ropa que, como los pantalones, sólo puede ser quitada a través de la compleja secuencia de desabrochar, bajar y sacar. Bajo un vestido, mi sexo es simbólicamente accesible a otro como no lo es bajo un pantalón.

Esto refleja en parte (siempre según esta interpretación) una idea o un valor propios del varón heterosexual: que las mujeres deberían ser sexualmente accesibles para los hombres. Sin embargo también expresa una noción más complicada. ¿Por qué la ropa que significa "protección" (pantalones) debería ser usada por el sexo menos vulnerable? Respuesta: los hombres son responsables de proteger sus propios genitales de la agresión de otros hombres, y los pantalones brindan protección. Las mujeres no pueden defenderse solas de los hombres, ni aunque usen pantalones. Su modo de protección no es la defensa personal sino las relaciones sociales.

Se basa (según esta interpretación) en la posesión y la consecuente voluntad del hombre de defender a "sus" mujeres. Las mujeres no necesitan usar pantalones porque los hombres que las poseen, y respecto de quienes las faldas y los vestidos expresan vulnerabilidad, las protegen de otros hombres. Una mujer es una persona que no puede defenderse sola, pero puede conseguir que la defiendan aceptando a un hombre protector o confiando en el rol protector de los hombres en general.[97]

Este tipo de interpretación no puede ser "verdadera" o "falsa" de una manera lineal, a diferencia de aquella que establece cuál es el baño de hombres y cuál el de mujeres. ¿Quién podría decir si lo es más o menos que la versión voyeurista-fetichista de la falda?:

> Las faldas largas son un secreto que espera ser descubierto. Entre las cosas que los hombres adoran: el crujido sensual de la tela contra la pierna, el romance y la sofisticación de la silueta esbelta, el misterio de lo que hay debajo. Las versiones más modernas aluden al peligro. La mayoría de los nuevos diseños tienen tajos, ya sea a los costados, atrás o adelante, y siempre está presente el cambiante drama de las aberturas.[98]

Creo que conviene poner mi interpretación en contrapunto, por así decirlo, con las lecturas de las mujeres y también con las de otros hombres. Antes de intentarlo propongo una interpretación feminista de la vestimenta sexy (desviación dentro del ámbito) como reflejo y reproducción de la erotización de la dominación en general y del abuso sexual en particular.

Mi interpretación se basa en la idea de que un atuendo, o un determinado ítem de vestimenta, produce efecto haciendo alusión, o referencia, a un personaje de una narrativa que el público conoce.[99] Aquí y en lo que sigue sostengo que el público masculino heterosexual "razona" subconscientemente que: "Esta persona escogió esta ropa, que refiere al atuendo que vestía un personaje de una determinada narrativa, de modo que tiene que estar diciendo que ella es como ese personaje. ¿Por qué usarlo si no eres la persona que [ese atuendo] dice que eres?".

Una de las cosas que hace que un atuendo femenino sea sexy para el público masculino es la idea de que quien lo viste ha escogido, mediante la producción del signo de su vestimenta, autosignificarse como "la mujer a cuyo atuendo alude este atuendo" y, por implicación, como "una mujer que querría tener la vivencia sexual que tuvo esa mujer en la narrativa en que lo usó". El signo no indica que ella está *disponible* para esta vivencia. Ciertamente, el contexto puede indicar lo contrario.[100]

Una falda o un vestido que sugieren un pelaje animal suave, un estampado de cebra o leopardo (o una mera alusión a esos estampados), un dobladillo o un escote irregulares u oblicuos, un harapo, unas costuras ostensiblemente toscas pueden tener la connotación de: "Yo Jane, tú Tarzán". Esta referencia es complicada porque evoca no sólo la relación entre Tarzán y Jane en libros y películas, sino también la imagen del hombre "prehistórico" con un garrote en la mano echándose a la mujer sobre el hombro y cargándola hacia su cueva para tener sexo. El efecto puede ser mitigado o no con la alusión a *Los Picapiedras* (donde este escenario estaba suburbanizado).[101]

En una serie de publicidades muy conocidas de Jordache/Guess una mujer joven (Claudia Schiffer) está abrazada a un hombre mayor. Cuando le preguntaron a Susan Faludi "¿Por qué las publicidades de Guess son tan populares entre las mujeres?", ella respondió:

> Aprovechan la idea ancestral de que si eres una niña pequeña y endeble como una potrilla, de ojos grandes, los hombres se juntarán en tropilla a tu alrededor y entonces estarás a salvo y protegida por estos cowboys proveedores. Cualquiera quiere ser amado, cualquiera quiere ser admirado y buscado y, guau, hay una manera muy fácil de lograrlo: lo único que tienes que hacer es comprarte estos jeans.[102]

Guess continúa haciendo publicidades. Pero los contundentes comerciales a los que alude la pregunta han sido remplazados. No debido al retrato de la mujer joven, sino a que el "cowboy" de mayor edad tenía un aura siniestra, sensual, de clase baja, pero también de una riqueza criminal, brutal. La muchacha sin lugar a dudas era una "niña de ojos grandes" pero también emulaba a Brigitte Bardot y su ropa tenía detalles de "gatita" de mayor edad. La imagen completa sugería la explotación sexual de la modelo por el hombre mayor, con un trasfondo de incesto, tal como numerosas cartas al editor de *Elle* se ocuparon de señalar en su momento.[103]

Las publicidades actuales de Jordache/Guess, que a menudo emplean a la modelo de la serie anterior, construyen un universo distinto y menos perturbador en términos sexuales. La mujer que se viste y maquilla para lucir como la modelo de estas publicidades parecería estar invitando a una relación en la "se hagan cargo de ella", pero también a esa otra relación explotadora que sugerían las imágenes originales.

Creo posible catalogar de manera burda pero efectiva algunas de las principales narrativas sexuales a las que refieren los atuendos femeninos y los ítems particulares de vestimenta para generar sus efectos excitantes. El proceso de alusión opera en dos dimensiones: sincrónica (narrativas actuales) y diacrónica (narrativas del pasado).

"Vestimenta sexy" –tal como he definido el concepto– quiere decir vestimenta que diverge de la norma del ámbito donde es utilizada "en dirección al" próximo ámbito más sexy. Esto quiere decir que la vestimenta alude a ese ámbito inmediato más sexy, y luego al siguiente, siempre en dirección hacia aquellos donde hombres y mujeres efectivamente consuman actos sexuales. La mujer que se viste sexy invita al público masculino heterosexual a imaginar cómo sería estar con ella en el ámbito al que su vestimenta alude. Esta es la dimensión sincrónica.

La dimensión diacrónica es más compleja. Podemos ordenar las narrativas en "genealogías", es decir en secuencias donde la ropa y el texto actuales refieren a una combinación anterior, que a su vez refiere a otra aún más lejana en el tiempo. Los puntos de partida no son "orígenes", sino lugares a los llegamos cuando reconstruimos hacia atrás todo lo que podemos.[104]

Una posible genealogía del atuendo "empieza" con *Frederick's of Hollywood,* avanza hacia la chica *Cosmopolitan* y culmina en *Victoria's Secret. Frederick's* era un catálogo que se enviaba por correo y estaba asociado con los estereotipos "animales" de la sexualidad de la clase trabajadora, las "revistas de chicas", el cabaret y la prostitución callejera.[105] *Cosmopolitan* fue al principio un complejo intento de formular un estilo sexual para las personas de clase media baja empleadas en tareas domésticas o de servicios que combinara algunos elementos del mundo de *Frederick's* con la ideología favorable al sexo de la *intelligentzia* progresista y la "cultura joven" de los años sesenta.

El éxito masivo de la sección de lencería del catálogo de *Victoria's Secret* representa la gentrificación de este terreno cultural: su simultánea apropiación y transformación por la clase media. Sin embargo, su nombre sugiere que el catálogo aspiraba a participar de una segunda genealogía que comienza, acaso, con *Las Memorias de Jacques Casanova*[106] y continúa con la sexualización de las actrices a través de su asociación representacional con la pornografía y la prostitución de las clases media y media alta en el siglo XIX.[107]

Aquí se alude a la decadencia aristocrática y la sexualidad pervertida antes que a la "animalidad" de la clase trabajadora. El secreto de la Reina Victoria era que bajo el exterior represivo de la vida decimonónica ardía un "desenfrenado" sexo ilícito. El secreto de Victoria a fines del siglo XX radica en ser una profesional de clase media vestida con un traje de negocios conservador con ropa interior "traviesa" debajo.

Algunos términos intermedios en esta elegante progresión incluyen la institución de la costosa "lencería francesa" de clase alta y la recepción en los años sesenta de *My Secret Life*,[108] *Fanny Hill*[109] y *The Story of O*[110] como "clásicos eróticos" y no "pornográficos". El éxito masivo de la lencería de *Victoria's Secret* es una caída en esta secuencia, una apropiación de la cultura sexual de la clase alta desde abajo.

Una tercera genealogía "forajida", andrógina y sadomasoquista empieza con Elvis Presley, Marlon Brando, James Dean, *Scorpio Rising*,[111] *Last Exit to Brooklyn* (el libro de los años sesenta, no la película de los ochenta)[112] y la icónica "chica motociclista" de los Hell's Angels. Pasa por las *groupies* y las chicas *plaster-caster*[113] y deriva hacia las lesbianas sadomasoquistas,[114] el punk, Mapplethorpe y la cultura "metalera". Las mujeres de las "sociedades heavy metal de Nueva York y Los Ángeles", en las fotos de la *Rolling Stone* tomadas por Mark Seliger,[115] lucen curiosamente parecidas a las fotos de *Vogue* que acompañan la *Declaración sobre el Derecho a Vestirse Sexy*. De acuerdo con *Elle*:

> Las Hell's Angels y las actrices jóvenes de Hollywood tienen algo en común este año: el hambre de Harley. Esto lo empezó Brando, por supuesto, cuando montó a horcajadas su reluciente motocicleta agresiva en *The Wild One* [*Salvaje*]. Pero lo que solía ser un símbolo de rebelión frontal está convirtiéndose rápidamente en el último grito de la moda. Ya sea la *Sportser 1200* de 1992 o el último modelo especial con suspensión trasera, una Harley-Davidson luce a la vez clásica y sexy, incluso estacionada. Eso no quiere decir que sea una buena máquina.[116]

Esta genealogía llega hasta el presente, incursiona por un momento en el mundo de la alta costura y se funde fugazmente con otras en los atuendos de Madonna en el *Blond Ambition Tour* diseñados por Gaultier y en los diseños actuales de Karl Lagerfeld.[117]

Debería resultar claro, a partir de mis ejemplos, que las genealogías de la vestimenta sexy conllevan un doble movimiento: hacia atrás en el tiempo y hacia afuera de los márgenes sociales tal como los define la clase media masculina heterosexual. Tenemos el margen superior de la aristocracia victoriana; el inferior de la sexualidad proletaria y el horizontal de la cultura forajida. También hay márgenes geográficos: la Francia del "Oo-la-la", los mares del sur (el *sarong*), la "bomba latina" (falda flamenca, abanico, tocado). En los Estados Unidos hay un margen racial: el sitio de las representaciones de la fantasía blanca sobre las proezas sexuales de los hombres negros (por ejemplo, la película *Mandingo*)[118] y la promiscuidad de las mujeres negras.[119]

Las genealogías vinculan el vestirse sexy con el abuso mediante un proceso de cuatro pasos. El primero es un ítem de vestimenta. El artículo del *Ladies' Home Journal* que da crédito a Victoria's Secret por haber vuelto "respetables las bragas atrevidas" propone una lista de "los mayores *best-sellers* encubiertos":

1. sostenes *push-up* de encaje;
2. camisolas;
3. batas elegantes;
4. bragas de bikini de colores calientes;
5. corsés.[120]

El ítem de vestimenta en el ámbito evoca, acaso sólo por un detalle menor, un atuendo que utilizaban las mujeres en otro ámbito en un período diferente. Un sesgo en la forma del canesú de un vestido, que por lo demás es "conservador", puede recordar un corsé victoriano. Segundo, el corsé puede evocar la imagen de una mujer vistiendo esa prenda en un *boudoir* de clase alta en una postal victoriana "traviesa". Tercero, la imagen de la mujer victoriana en la postal con corsé en un *boudoir* de clase alta puede traer a la memoria un personaje femenino de una narrativa específica de la pornografía victoriana. La mujer del corsé es una criada o una joven de buena familia. Cuarto, la imagen del personaje puede evocar lo que le sucedió en la narrativa: fue seducida, desvirgada, mirada, atada, azotada, compartida, esclavizada, todo contra su voluntad, hasta que perdió el control y lo disfrutó muchísimo.[121]

La genealogía de *Frederick's - Cosmopolitan* realiza el mismo movimiento hacia atrás en el tiempo y hacia los márgenes sociales (vistos desde la perspectiva de la clase media blanca heterosexual). Dos de las narrativas típicas que evocan el sostén *push-up* y la falda demasiado roja con un tajo en la pierna son la de la "atorranta" de barrio pobre y la del marinero con la chica de la cantina. La atorranta masca chicle y cualquier muchachito puede tenerla en el asiento trasero del auto familiar. Ella es "caliente" pero no tiene poder. Nadie está obligado a casarse con ella y, si se embaraza, su protector se hará cargo (*Peyton Place* [*La caldera del diablo*]).[122] El marinero y la chica de la cantina se encuentran en un antro obsceno donde ella ha sido sexualizada por el abuso (forzada por un cafishio que la golpea, y que tiene a su bebé de rehén, a vestirse como una puta "a la que le gusta"). Él obtiene su deseo verdadero y liberado a cambio de rescatarla, sólo para abandonarla al poco tiempo por una mujer hogareña y asexuada.

En la genealogía de la vestimenta sexy los motociclistas golpean a "sus viejas chicas" y las pasan de mano en mano en un ritual de violación en pandilla cargado de homoerotismo (el vínculo entre ellos es más fuerte que el de cualquiera de ellos con una mujer). Las mujeres son esclavas del grupo y les encanta: desafían al mundo heterosexual haciendo pública su sumisión. Su lencería de cuero negro o de vinilo significa la asociación masoquista con los sádicos hombres de chaqueta motoquera, y ellas la ponen en acto desplegándose como si estuvieran al mando y les dijeran a los hombres no motociclistas: "¡Chúpense esta!".

Dadas estas referencias de la moda, no es difícil construir la razón femenina a favor de la regulación social (no abusiva) de la vestimenta sexy. Aquí hay muchas más cosas en juego que una crítica general de la autoobjetificación o que "gustarles a los hombres". Las formas que designamos colectivamente como formas de vestir sexy están conectadas... con el abuso. Cuando una mujer se viste sexy refleja y reproduce una idea: que los hombres –y también las mujeres– se excitan con el abuso, que las mujeres quieren producir esa excitación en los hombres, y que la secuencia de comunicación femenina y respuesta masculina es un aspecto legítimo y tal vez incluso "natural" de la sexualidad masculina y femenina.

El artículo de Susan Bordo "Material Girl" presenta esta posición como opuesta a la del posmo prosexo:

> Todos los elementos de lo que aquí he llamado "conversación posmoderna" –intoxicación de elección individual y *jouissance* creativa, deleite con el picante de la particularidad y desconfianza hacia todo patrón y apariencia de coherencia, celebración de la "diferencia" junto con una ausencia de perspectiva crítica que diferencie y justiprecie las "diferencias", sospecha de la naturaleza totalitaria de la generalización sumada a la urgencia por proteger la diferencia de los abusos homogeneizadores– se han vuelto elementos reconocibles y familiares de la mayor parte del discurso intelectual contemporáneo. Dentro de este cohibido universo teórico, además, estos elementos no están corporizados [...] sino que son explícitamente tematizados y *celebrados* como la inauguración de nuevas construcciones del yo ya no atrapado en la mitología del sujeto unificado, entre ellas la bienvenida a la multiplicidad, el desafío a las generalizaciones sombrías y moralizantes sobre el género, la raza y demás, que tanto han preocupado al humanismo progresista y de izquierda.[123]

Me agarraron con las manos en la masa, pensé. Bordo prosigue analizando el video de la canción *Open Your Heart*, en el que Madonna interpreta a una bailarina en un *peep show*.

> Yo sostendría, no obstante, que a pesar de que el video "evade comunicar un significado claro", *sí* hay una posición prevaleciente, que es la de la mirada objetificante. [...] Por cierto, yo diría que en última instancia este video trata más que nada sobre el cuerpo de Madonna y que el contexto narrativo es virtualmente irrelevante, apenas una excusa para exhibir los logros físicos de la estrella, una chica de poster desplegable pero en video. En este nivel, cualquier elemento paródico o desestabilizador parece haber sido añadido completa, cínica y mecánicamente con mala fe: como si se pretendiera dar un estatus *trendy* a algo que en realidad no es más que una *cheesecake*... o quizá pornografía.
>
> Por cierto, puede que sea algo aún peor. Si el final juguetón de "Open Your Heart" tiene éxito en deconstruir la noción de que la objetificación y la sexualización de los cuerpos de las mujeres es una cuestión seria, entonces la *jouissance* de Madonna podría estar "jodiendo con" las percepciones de su público juvenil de una manera peligrosa. A juzgar por la proliferación de letras de rock que celebran la violación, el abuso y la humillación de las mujeres, el mensaje –esto no es responsabilidad exclusiva de Madonna por supuesto, sino también de muchos otros– está llegando.[124]

Estos últimos dos párrafos son un buen ejemplo del tipo de cosas que los posmo prosexo consideran "totalitarias" y "homogeneizantes". En un conflicto ideológico cada parte tiende a pensar que la posición de la otra está fundamentada en errores, y por eso resulta tentador analizar el rol que desempeñan ciertas expresiones, como "en última instancia", "enteramente", "virtualmente", "completamente" o "no es más que" (una *cheesecake*) en el argumento de Bordo. Pero yo no creo que su lectura del video "no sea más que" un error. Puedo ver adónde apunta, aunque mi lectura es completamente distinta. Creo que el problema de su atribución de responsabilidad causal radica en ser especulativa y paranoica, no en que no *podría* ser correcta.

En otras palabras, no creo que sea un error leer la vestimenta sexy en general, y este ejemplo supremo en particular, como reflejo y reproducción de la "celebra[ción] de la violación, el abuso y la humillación de las mujeres"[125] por parte de (algunos) hombres y del régimen. Muchos hombres, entre quienes me incluyo, sienten furia contra las mujeres y tienen al menos un rasgo de violencia en su carácter, y la vestimenta sexy, como un millón de otras cosas, puede, en determinado contexto de la vida real, provocar cualquiera de las dos. Pero el video también tiene otros significados construidos por hombres que lo sitúan en la intersección entre sus imágenes y sus asociaciones. Estos significados involucran otros aspectos de la sexualidad distintos del abuso de los hombres sobre las mujeres, y a mi entender son componentes al menos igualmente importantes –probablemente más importantes– de la "mirada objetificante" a la que alude Bordo. El vestir sexy de Madonna facilita la percepción de estos significados mediante alusiones o *referencias* a narrativas pasadas o presentes que son familiares para el público; en otras palabras, a través del mismo mecanismo que vincula su atuendo con el abuso. Cuatro de esas referencias son: la masturbación, los márgenes sociales, el poder sexual de las mujeres sobre los hombres, el desafío femenino al patriarcado.

Ahora describiré cómo operan estas referencias para (algunos) hombres blancos heterosexuales de clase media. Puede que funcionen de modo similar para las personas que se encuentran *en* otras posiciones identitarias, pero nunca de la misma manera, porque las referencias (por ejemplo, a los márgenes sociales) presuponen las *diferencias que el propio sujeto imagina que existen* entre los hombres blancos heterosexuales de clase media y varios "otros". No intenté describir cómo podrían funcionar los sistemas de referencia para las personas en estas "otras" posiciones identitarias porque no creo poder hacerlo de un modo convincente. Por ejemplo, me parece obvio que la estereotipación racista en la construcción que hacen los blancos de clase media del margen entre razas como locus de excitación sexual, y también de odio y violencia, debe afectar los modos en que las personas de color "leen" y "hacen" el vestirse sexy. Pero no confío lo suficiente en mis impresiones fragmentarias como para escribirlas, incluso teniendo en cuenta la vena "de salón" de este ensayo.

1. *La referencia a la masturbación.* Aunque está bailando en un *peep show*, Madonna nunca se acerca a exhibir sus senos o su sexo en *Open Your Heart*. Viste un Mearry Meadow de cuero negro, muy construido, de corte alto, medias de red y tacones: un atuendo que, en el ámbito, reúne las tres genealogías del vestirse sexy. Sugiere al mismo tiempo zona roja *Frederick*, lencería de diseñador y chica motociclista.

Muchos hombres blancos heterosexuales de clase media reaccionan ante esta triple jugada con vergüenza, remordimiento y disgusto. No quieren mirar el video y querrían que no existiera. Tal vez están en contra de la "objetificación y sexualización de los cuerpos de las mujeres".[126] Si es así, saben que este video hace exactamente eso porque el corsé de Madonna evoca fotos en revistas de chicas (poster desplegable, *cheesecake*) e imágenes de películas (*París, Texas*),[127] como sugiere Susan Bordo. Pero la narrativa asociada con las imágenes no alude al coito, abusivo o no, sino a la masturbación.

Muchos hombres asocian la masturbación con la privación sexual, con el rechazo de las mujeres, con algo sucio, vergonzoso y secreto, con el riesgo de ser descubierto y castigado por Mamá y Papá, con el constante peligro de adicción (*Portnoy's Complaint*).[128] Es algo que "hay que" superar (aunque los "datos" muestran que no) en las relaciones heterosexuales "normales" ("Si me amaras de verdad no necesitarías masturbarte"). Más aún, los aspectos buenos, físicos, narcisistas y fantasiosos de la masturbación están profundamente conectados con su carácter transgresor, solitario y antisocial tal y como se la practica en nuestra sociedad.[129]

Muchos, muchísimos hombres blancos heterosexuales de clase media no quieren que nada de esto ingrese en la cultura dominante. Desaprueban sinceramente la masturbación, aunque la practican, y están en igual medida fascinados por las imágenes "sucias" asociadas con ella. La sexualización de los medios de difusión los perturba, en tanto les provoca una indeseada excitación, vergüenza y confusión. Se sienten culpables de sexualizar y objetificar el cuerpo femenino, pero no de querer abusar de las mujeres.

> Además, si ir a ver películas porno o a cabinas para tener sexo anónimo fuera emblemático del poder masculino, cabría esperar que la experiencia se caracterizara por una confianza fácil que refleje una seguridad de macho.
> Sin embargo, para mí –y, especulo, para muchos hombres que han visitado cabinas y cines porno– estas visitas periódicas son siempre traumas menores. Si bien hay una excitación erótica en la decisión de ir y en la experiencia misma, esto se mezcla con considerables cantidades de miedo y vergüenza. Desde el instante en que subo a mi auto para ir a consumir pornografía me siento dolorosamente expuesto, como si todos los que me ven supieran por mi expresión, por mi lenguaje corporal, por lo que sea, exactamente adónde estoy yendo.[130]

2. *La referencia a los márgenes sociales.* La vestimenta sexy, para los hombres blancos heterosexuales de clase media, evoca peligro a la vez que –o en lugar de– poder

masculino. El peligro está codificado en la alusión de la vestimenta sexy a los márgenes sociales. La alusión *Frederick* a la zona roja evoca el robo o el asalto perpetrado por una prostituta o un cafishio y la posibilidad de una enfermedad venérea. Evoca la comunidad física imaginada de los moteles pequeños, el crimen organizado, el chantaje, las drogas y la posibilidad de ser atrapado haciendo algo vil y quedar expuesto. También los temores raciales a la cultura negra de clase baja de buscavidas callejeros y cafishios.[131] El mismo hombre blanco heterosexual de clase media, para quien la referencia a la clase baja sugiere una sexualidad más animal que la suya o la de "su" mujer, puede asociar todo lo que sea de clase baja con el miedo de perder su seguridad, su posición social, su sentido de superioridad racial, su respeto por sí mismo.

Otro tanto puede decirse de la genealogía motociclista, pero esta vez con el agregado de la excitación/peligro de sexo abusivo gay. Los motociclistas fuertes, en la fantasía del hombre blanco heterosexual de clase media, sodomizan a los más débiles. La genealogía decadente de la clase alta sobre el vestirse sexy evoca temores más sutiles de vergüenza y exclusión. Sólo los márgenes geográficos en tiempos de paz (los mares del sur, o Francia) son verdaderamente benignos, pero acaso también menos poderosos como referencias, hoy, de lo que solían ser.

3. *La referencia al poder sexual de las mujeres sobre los hombres.*
En los términos más simples posibles, la interpretación de la moda como erotización de la dominación de los hombres sobre las mujeres ignora el hecho de que los signos de la moda que son entendidos como refiriendo al "lector" a imágenes de hombres que dominan mujeres se combinan con otros que invitan a lo opuesto. La referencia a veces es directa:

115

> Lo metálico está de moda esta temporada, más allá de que tu gusto esté orientado hacia lo precioso o hacia lo proletario. [...] Los accesorios de plata van de lo clásico a lo subversivo: [...] un resplandeciente brazalete bondage (con cadena incluida) diseñado por Gregg Wolf. También hay un toque de dominatriz –aunque por supuesto rica– en la gargantilla de platino y diamantes de Cartier.[132]

Las referencias más complejas a la sexualidad proletaria, la decadencia pervertida de la pornografía victoriana de clase alta y la genealogía motociclista evocan narrativas de dominación femenina de los hombres tanto como lo contrario. Las más básicas son la de Adán y Eva y la de las Sirenas, en que las mujeres ejercen poder sexual para lograr que los hombres hagan "contra su voluntad" algo que está mal. La desnudez femenina a la que se alude en todos los complejos modos de la vestimenta sexy estereotípica recuerda las pinturas que ilustran estas narrativas y, por lo tanto, también las narrativas mismas. Las mujeres usan su desnudez para hacer que los hombres hagan cosas.

La vestimenta sexy que alude a la prostitución conjuga imágenes de acceso masculino ilimitado a los cuerpos de las mujeres desde una perspectiva masculina con imágenes del mundo donde los cafishios controlan a las mujeres a través del abuso. Pero también refiere a la versión extrema de Adán y Eva, en la que un hombre "respetable" se obsesiona con una "mujer caída" y sacrifica no sólo su dinero sino también su trabajo y su posición social en el vano intento de ganar su corazón. Marlene Dietrich en *The Blue Angel*[133] y la historia bostoniana *The Profesor and the Prostitute*[134] son ejemplos emblemáticos. Toda chica motociclista es una dominatriz en potencia, lista para hacerle probar su propia medicina al motociclista de apariencia ruda que en la vida real es un flojo. El atractivo de su entrada imaginaria en la vida de esclava sexual del grupo incluye la adopción de la "actitud" chaqueta de cuero (Melanie Griffith en *Something Wild* [*Algo salvaje*]).[135]

En estas historias los hombres erotizan la dominación y la explotación femenina. En las imágenes asociadas con estas encontramos una interpretación de por qué los hombres en cuestión se someten: es porque las mujeres se presentan a sí mismas –es decir, a sus cuerpos con y sin atuendo– de una manera que lleva a los hombres a desearlas al extremo de perder la razón. Es claro que el cuerpo y el atuendo son *medios* a través de los cuales las mujeres, en tanto *sujetos,* despliegan un poder cuyo fundamento es intersubjetivo: ellas saben cómo volver locos a los hombres. El punto es que las mujeres son capaces de ofrecer a los hombres algo que otros hombres no pueden ofrecer: tienen una base de poder en su trato con los hombres que estos no pueden neutralizar y de la que tampoco pueden escapar.

Una de las escritoras a las que Susan Bordo critica por ser demasiado blanda con Madonna es Catherine Texier, una novelista cuyos escritos abundan sobre el peligro sexual y el placer:

> Es una provocación ese tajo que se abre y cierra con cada paso que dan los tacones altos contra la vereda. Eva ha logrado convertirlo en un arte. El ladeo de la cadera, el endurecimiento de las pantorrillas, la línea de la costura subiendo desde los tacones, una flecha apuntándole al culo. Mientras la chaqueta ceñida marca la cintura y luego se curva en torno a la entrepierna. Hay algo en su caminar. Un contoneo, no sé si me entienden, que atrae a los hombres. No es el movimiento exagerado de caderas que algunas mujeres ya comienzan a desarrollar a la edad de tres años y perfeccionan más tarde calzando tacones altos de quince centímetros.
> ¿Por qué las mujeres se visten así?
> ¿Cómo puedes hacer una pregunta tan estúpida?[136]

La respuesta de los hombres a la vestimenta sexy es una respuesta tanto a la posibilidad del poder como a la de que alguien tenga más poder que ellos.[137] Creo que es excelente que el feminismo haya, en palabras de Molly Haskell, "valorizado caminos más directos y no sexuales al poder".[138] Las mujeres podrían *renunciar* por completo al camino sexual. Todo es posible.[139] Mientras no lo hagan, y tal vez incluso si lo hicieran, la moda a veces les transmitirá a los hombres el mensaje exactamente opuesto al que el feminismo radical le adscribe.

4. *La referencia al desafío femenino del patriarcado.* "Y si un hombre elige malinterpretar las señales es problema suyo. La presencia de corsés y lencería erótica en la pasarela no indica excitación con la moda sino un mundo donde el abuso sexual es una cuestión candente".[140] Pensé que esto era una broma. Me parece obvio que los corsés en la pasarela indican excitación con la moda (a mí me excita). Después entendí: los editores de *Vogue* están afirmando que vestirse sexy es un pronunciamiento contra el acoso sexual porque desafía la amenaza de abuso. Indica que la mujer en cuestión se niega a permitir que su vestimenta sea dictada por la posición convencional o a aceptar sus sanciones.

A veces la vestimenta sexy (desviación dentro del ámbito) tiene justamente este significado. La mujer parece estar diciendo que una norma del patriarcado profundamente afincada en los intereses de los hombres no se le aplica. Se trata de la norma según la cual una mujer no debería excitar a los hombres excepto en aquellos contextos donde ellos tienen al menos una chance de acceder real o imaginariamente a ella. La lencería en la pasarela desafía esta norma, y a veces parece una declaración feminista, precisamente *porque* es excitante.

De acuerdo con el régimen, a las mujeres se les permite (o se les exige) poner de manifiesto su sexualidad sólo en algunos contextos; por ejemplo, en la privacidad marital, cuando son solteras y buscan hombres en bares o clubes o fiestas, cuando son prostitutas, y cuando producen imágenes de sexualidad en películas o publicidades u otras por el estilo. En otros ámbitos –la calle, el trabajo, el aula, el supermercado– tienen que asexuarse.

La vestimenta que se desvía hacia lo más sexy en un ámbito asexuado conlleva el mensaje del ámbito: que la mujer *no* está sexualmente disponible. Ella viste un atuendo. Puede que eso diga mucho respecto de ella y de cuál podría ser su actitud en un ámbito diferente, pero con seguridad no tiene en este ámbito el significado que tendría en aquel. Muchas veces pienso que el significado de la vestimenta sexy fuera de lugar es un reclamo de la mujer: ella reclama el derecho de presentarse como un ser sexual sin el permiso –que sólo obtiene estando disponible– que deviene de ser una esposa que está a solas con su marido, una soltera en plena búsqueda, una prostituta o una actriz actuando. Y reclama también el derecho a negarles sexo a los hombres a quienes ha excitado.

Por supuesto que este no es *el* significado de la vestimenta sexy. Podría significar algo por completo diferente. Más aún, las mujeres no tienen libertad igualitaria para significar de este modo. Bell Hooks sostiene que dado que las mujeres negras siempre "estamos codificadas como mujeres 'caídas' en la iconografía cultural racista y no podemos, como Madonna, 'trabajar' públicamente nuestra imagen de féminas inocentes que se animan a ser malas".[141] Pero las mujeres que se visten sexy a veces ponen a los hombres en posición de captar una alusión a ciertos ámbitos donde las mujeres están disponibles aunque obedecen las normas del ámbito donde se encuentran, que las hace no estar disponibles. Hay muchas reacciones masculinas posibles a este tipo de desafío femenino; por ejemplo, esta:

> Durante una estadía en San Diego como profesor visitante me asombraron los atuendos bastante relajados, por así decirlo, de mis alumnas. Sentadas en la primera fila, en su mayoría llevaban minifaldas o shorts extremadamente cortos que rozaban los límites de la decencia (según los estándares europeos) y me hacían muy difícil concentrarme. Sin embargo, lo que me parecía escuchar, expresado con mucha temeridad (o con fabulosa despreocupación), era esto: "Soy hermosa, soy joven, estoy prácticamente desnuda, y todo esto no tiene ninguna importancia".
>
> Su apariencia tan casual, que en Europa hubiera sido una fuerte insinuación, no parecía provocar ningún tipo de excitación entre los varones de la clase. [...] ¿Podría ser que en los Estados Unidos las mujeres exhibieran sus cuerpos para banalizar su sexualidad? En cuestiones de la carne, después de todo, mostrar lo que habitualmente se esconde puede ser la mejor manera de desalentar el deseo en el acto de despertarlo.[142]

Esta reacción de un francés muestra una insuficiente atención al discurso actual de las mujeres sobre la vestimenta sexy. No respecto del argumento familiar que sostiene que "no importa cómo" se vista una mujer, siempre tiene derecho a no ser abusada, sino respecto de la interpretación sexual de lo que ocurre De acuerdo con Heather Bradshaw, de 20 años de edad, oriunda de Tallahase, Florida:

> Yo, y cualquier otra mujer, puedo vestirme todo lo reveladora que quiera, coquetear a lo loco y dejar que un hombre me pague cenas caras y no le debo absolutamente nada por eso. Las mujeres tenemos derecho a controlar nuestros cuerpos sin importar qué tan caliente hayamos puesto a un hombre. Muchísimos hombres arden de deseo por las mujeres, pero no por eso las violan.[143]

El desafío de la señorita Bradshaw no pretende "banalizar la sexualidad" ni postular un ideal feminista de sexualidad insípida, sino cambiar una estructura social. Veamos la reacción de un hombre estadounidense en una respuesta a la encuesta a "1769 psiquiatras" publicada en la nota del *Boston Globe* citada más arriba:

> Un atavío sexualmente excitante puede resultarle insensible e injusto a un hombre. Esto puede devenir en pensamientos de venganza contra la mujer que causó la angustia, que a veces aumenta hasta transformarse en hostilidad contra las mujeres en general. Sí: 85%; No: 11%.[144]

La acusación de que la vestimenta sexy es "insensible e injusta" es una reacción ante la supuesta intención femenina de no transmitir disponibilidad ni indisponibilidad. La mujer no está disponible en el sentido de estar invitando o necesitando o siendo vulnerable a los avances sexuales del hombre. No está indisponible por haber sido "ya tomada por otro" que ostenta derechos de propiedad sobre su sexualidad ni por ser asexual. Transmite sexualidad y al mismo tiempo, desafiante, transmite autonomía.

Muchos hombres reaccionan ante este mensaje aparente no con fantasías de dominar a las mujeres o abusar de ellas, o incluso con hostilidad, sino con desasosiego o con miedo. Pero no estamos hablando de miedo a la mujer que se viste sexy en particular, sino de un miedo suscitado por una determinada concepción de las mujeres como seres cuya sexualidad incita a su apropiación, cuyo amor por determinados hombres anula su autonomía, o como seres que son propiedad común de todos los hombres. La mujer sexualmente autónoma desmantela la díada madona/puta al hacer público que se niega a ser tanto una como la otra.

Es fácil rechazar la reacción masculina calificándola de consecuencia del adoctrinamiento patriarcal. El régimen imperante exige que los hombres sean "propietarios" para quienes "la moral [de sus mujeres] está siempre en cuestión y que constantemente invoquen la decencia: '¿Por qué miraste así a ese tipo?', '¿De veras vas a *salir* con esa falda tan corta?'".[145] Pero cualquiera, hombre o mujer, que haya vivido celos sexuales intensos sabrá desenvolverse mejor sin necesidad de mostrarse condescendiente. La mujer sexualmente autónoma es una amenaza potencial para todos los hombres porque su existencia desafiante deja traslucir que ninguna mujer es "de verdad", como el patriarcado promete que la madona será una mujer de verdad.

La referencia al desafío al patriarcado no sólo evoca miedo y enojo en algunos hombres sino también un conjunto de reacciones positivas. Creo que estas reacciones están fundamentadas en una paradójica combinación de conexiones y desconexiones. La mujer cuya vestimenta desafía al patriarcado transmite el reconfortante mensaje de que las mujeres son más parecidas a los hombres en su sexualidad que lo que el patriarcado y el feminismo han reconocido. Ninguna mujer es "de verdad" como la cultura promete que la madona es de verdad. Pero, por eso mismo, las mujeres tampoco son esas extrañas que serían si efectivamente *pudieran* ser como promete la cultura patriarcal.

En segundo lugar está la alusión al sexo fuera del espectro de roles y reglas domesticadoras, regularizadoras y definidoras del régimen imperante y fuera del contexto de la prostitución. Con esto no aludo a un sexo sin responsabilidad o intimidad; el sexo sin esas dos características está ampliamente disponible dentro del régimen, dentro y fuera del matrimonio. La fantasía masculina (blanca heterosexual de clase media) de la fémina agente libre es la de una mujer que no nos debe sexo bajo los términos del acuerdo patriarcal (no es una "esposa") y no pretende obtener algo de nosotros (no es "una puta"). Refiere a un sexo donde el hombre no necesita preocuparse por si la mujer "realmente quiere".

En tercer lugar, la mujer que se viste sexy está haciendo algo que los hombres también harían si pudieran. Ciertos rasgos estereotípicamente femeninos –prohibidos por el régimen– se proyectan sobre la mujer que pone en acto la feminidad contra la norma del ámbito. Independientemente de lo que ella esté sintiendo en realidad, el signo de la vestimenta sexy es el del narcisismo, el exhibicionismo y el deseo. El poder del cuerpo. Los hombres podríamos tenerlo identificándonos con las mujeres, si tan sólo las mujeres "se abocaran a ello". Pero la mayoría de las mujeres (blancas heterosexuales de clase media) parecen no querer hacerlo. ¿Y por que habrían de querer?

Pero querer que las mujeres pongan en acto el poder del cuerpo y que disfruten –que se exciten sexualmente– con sus performances cuando lo hacen no es lo mismo que querer dominarlas o abusarlas. De hecho, vestirse sexy *a veces* afirma la posibilidad de este tipo de poder femenino repatriado desde los márgenes temporales, espaciales y raciales; en otras palabras, una posibilidad interior a la vida blanca heterosexual de clase media actual y no ubicada necesaria y exclusivamente en las narrativas abusivas de la zona roja, el *boudoir* victoriano y la pandilla de motociclistas.

¿Y el abuso? Está muy bien, escucho insistir a mi crítica feminista, celebrar la colaboración de la mujer desafiante antipatriarcal que se viste sexy con el hombre que fantasea que la libertad de ella lo liberará. Pero a los ojos y la mentalidad de la *mayoría* de los hombres y mujeres del llano "el significado dominante" es que las mujeres son criaturas excitantes, peligrosas e irresponsables que quieren y necesitan abuso sexual y protección en dosis iguales. Algunos hombres responderán al signo violando o acosando a las mujeres; muchos otros lo verán como una confirmación (reflejo, reproducción) de la versión de los sexos característica del régimen.

En un brillante ensayo sobre Rodin, Anne Wagner señala que su arte y la idea popular de su vida encajan en una determinada versión estereotípica contemporánea de la naturaleza de los hombres y las mujeres y su relación natural.[146] Rodin era un escultor cuyo trabajo y cuya vida podían ser y a menudo eran interpretados "como promotores tanto del dominio del hombre sobre la mujer como de la ficción de la sexualidad masculina que adopta ese dominio como premisa".[147] Pero Rodin también suscitaba una interpretación diferente. "¿Cómo aplican entonces –pregunta Wagner–, respecto de la mujer conversa, las acusaciones de brutalidad, las metáforas de penetración y violación?".[148] Su respuesta me gusta mucho:

> Para algunas observadoras, estos mismos cuerpos dibujados y modelados también otorgan una nueva inflexión a las relaciones heterosexuales. [...] La escultura ofrecía [...] una imaginería que confirmaba y celebraba la existencia misma de una sexualidad femenina desenfrenada como complemento y no como objeto de los deseos masculinos. [...] La mujer burguesa podía vivir su carnalidad sin que eso fuera equiparable con los placeres patéticos y despreciables de una Niní o de un Popo. [...] La sexualidad femenina es reclamada como burguesa y la grieta inveterada entre las identidades femeninas de Madonas y Magdalenas comienza, poco a poco, a cerrarse. [...] Que las mismas representaciones pudieran dar lugar a dos interpretaciones tan diferentes –la patriarcal y la feminista burguesa– no debería sorprendernos ni resultarnos raro. [...] Sólo cuando las diferentes interpretaciones ya no pueden nutrirse del imaginario propuesto por la cultura dominante hay que empezar a preocuparse.[149]

Tal como sucede con todo placer y toda resistencia intersticial, esta colaboración tiene un "lado oscuro". La fantasía masculina de la mujer libre está sólo en apariencia separada de la dualidad madona/puta. Sólo se define en sentido negativo. Desde el momento en que la mujer es una persona real volvemos a quedar atrapados, inevitablemente, en la red de roles. Las personas se deben cosas unas a otras, y quieren cosas unas de otras, en cuanto empiezan a conocerse. Todo esto debe negociarse y la fantasía de agencia libre de ambas partes puede complicar en vez de simplificar la negociación.

La red de roles es algo dado (al menos por ahora); la realidad de la desigualdad entre hombres y mujeres dentro del régimen es algo dado (al menos por ahora); la desigualdad entre hombres y mujeres (con las mujeres a veces llevando ventaja) es algo dado; y que un signo no es un significado es algo dado. Teniendo en cuenta todo esto, hasta la referencia más puramente placentera y oposicional a la vestimenta sexy queda ensombrecida, para el público masculino, por la posibilidad de que el significante (vestimenta) mienta sobre el significado (la mujer). A diferencia de la mujer que se expresa a sí misma o la artista del género que abrigábamos la esperanza de que fuera, ella "realmente" está coaccionada o es una cosificadora o está engullida o es compulsiva. Pero resulta que, en realidad, sólo estaba disfrazándose de disfrazada.[150]

Muchas veces esto es así para la mujer misma: ella no sabe si está mintiendo o no, ni siquiera sabe si es posible mentir o decir la verdad.[151] También pienso que el placer que cualquier mujer obtiene del desafío de vestirse sexy a menudo queda ensombrecido por la posibilidad de que nadie, ni una sola persona, lo vivencie como ella desearía (que todo su público consista en "viejos sucios", abusadores al acecho y críticas que la consideran una putita o políticamente incorrecta o demasiado vieja o no lo suficientemente linda o en definitiva piensan que no sabe vestirse sexy).

No obstante, creo que algunas mujeres que se visten sexy y una parte de su público hacen placer/resistencia en los intersticios del régimen. Erotizan la autonomía femenina. Y al hacerlo no sólo socavan la estructura que opone la madona a la puta sino también aquella que opone la sexualidad heterosexual blanca burguesa insípida a la (imaginada) sexualidad pervertida, animal, andrógina de los márgenes.[152]

Esta siempre será una forma incierta de política porque la mujer significadora podría estar haciendo más mal que bien, alimentando la posición convencional que sostiene que la calientahuevos merece lo que recibe y que a los hombres les encanta ese combo de desear y al mismo tiempo odiar a la mujer. La vivencia está comprometida para ambos sexos porque ocurre dentro –y de hecho su significado depende– de la red mayor de referencias al abuso sexual de los hombres sobre las mujeres y a la degradación de los hombres en relación con ellas. Nunca es sencillamente "verdad" (algo en lo que se puede confiar) que la vivencia sea placer/resistencia y no otra cosa, algo malo.

Vestirse sexy y apreciar la vestimenta sexy falla como placer/resistencia aun de otra manera. Es asimétrico. Los hombres (blancos heterosexuales de clase media) miran y la mujer actúa. Parece plausible afirmar que este patrón refuerza y ayuda a reproducir uno de los aspectos nocivos del patriarcado: su construcción de la mujer como objeto de la mirada atenta, adoradora, excitada de los hombres, actriz activa siendo-para-los-hombres, mientras los hombres, desde la platea, dictaminan su destino y el del mundo.[153]

Lo que está mal aquí no es que los hombres y las mujeres deban ser-para-sí-mismos, lo que sea que eso signifique. Lo que está mal aquí en términos políticos es que contribuye a desempoderar a las mujeres como agentes dentro de la "esfera masculina". Lo que a mi entender está mal aquí en términos *eróticos*, en tanto hombre (blanco heterosexual de clase media), es requerir que cada parte renuncie a un posible placer: el placer que podría encontrar en la actividad que el régimen asigna al sexo opuesto. Decir esto equivale a proponer una elección entre dos caminos para superar la asimetría.

Un camino es intentar desmantelar la objetificación sexual y deserotizar el poder en el sexo. Del lado de los hombres, desmantelar la objetificación sexual equivale a evitar vivenciar a la mujer como portadora involuntaria de múltiples significados sexuales entramados con múltiples narrativas sexuales e intentar vivenciarla como una "persona real". Del lado de las mujeres, equivale a sacrificar el posible placer, evitar la posible degradación y renunciar al posible poder que podrían resultar de desempeñar el rol de objeto en la fantasía sexual.

Deserotizar el poder en el sexo quiere decir buscar la carga sexual, la excitación que a veces está presente cuando el otro es "igual" y al mismo tiempo "diferente", sin que la diferencia implique ninguna clase de jerarquía. También quiere decir intentar "desprogramar" la propia excitación ante las imágenes de dominación y sumisión. Aunque este es inequívocamente el programa sexual del progresismo humanista, a menudo subyace a la teorización del feminismo cultural y socialista sobre el sexo.[154]

Pero existe otra manera de imaginar cómo superar la asimetría, empezando por la siguiente aserción de Judith Butler:

> El movimiento prosexualidad dentro de la teoría y la práctica feminista ha sostenido con eficacia que la sexualidad siempre se construye dentro de los términos del discurso y el poder, donde el poder es parcialmente entendido en términos de convenciones culturales heterosexuales y fálicas. El surgimiento de una sexualidad construida (no determinada) en estos términos dentro de contextos lesbianos, bisexuales y heterosexuales *no* es, por lo tanto, un signo de iden-

> tificación masculina en un sentido reduccionista. [...]
> Si la sexualidad es culturalmente construida dentro
> de las relaciones de poder existentes, entonces la
> postulación de una sexualidad normativa que está
> "antes", "afuera" o "más allá" del poder es una imposi-
> bilidad cultural y un sueño políticamente impracticable
> que posterga la tarea concreta y contemporánea de
> repensar las posibilidades subversivas de la sexuali-
> dad y la identidad dentro de los términos del poder
> mismo.[155]

Robin Morgan, apropiándose de la crítica de Samuel Johnson a Donne, propone que aceptemos como ideal estético-social "*las ideas más heterogéneas* [...] *unidas entre sí por la violencia*, entre otras la lucha con la persona que amamos".[156] Su análisis de la política de las fantasías masoquistas femeninas parte de su propia determinación: "Si el tema de la fantasía me parecía disfrutable, no estaba dispuesta a castigarme culpándome por ese placer".[157] Morgan propone un programa femenino mítico que me parece mejor (con esto quiero decir que estoy de acuerdo) que eliminar la objetificación sexual y deserotizar el poder:

> La posibilidad de que sus mentes y sus cuerpos
> desnudos se enfrenten entre sí: una competencia
> jovial que incluirá la asunción de la derrota como algo
> (1) pasajero y (2) por completo carente de humillación,
> y del triunfo como, a la inversa, algo impermanente e
> insignificante. *Turnarse*.[158]

En otras palabras, esto significa restaurar la simetría haciendo que los hombres se vistan sexy para las mujeres y las mujeres los miren y viceversa, en vez de intentar restaurarla extirpando el voyeurismo masculino y el exhibicionismo femenino (de manera que nadie actúe y nadie mire). Sí, ya lo sé, es una idea completamente utópica dentro del régimen. Y aun siéndolo ni siquiera promete superar –apenas "hace a un lado"– la posibilidad real de que la aceptación de la competencia, la derrota y el triunfo en la "batalla de los sexos"[159] como algo erótico desplazará la frontera hacia la pura y simple erotización de la dominación masculina de las mujeres.[160] (Para los hombres heterosexuales no promete liberarlas del temor *Blue Angel.*)

No obstante, turnarse no es más utópico que aspirar al relacionamiento no alienado (*unalienated relatedness*) dentro del régimen; y, dentro del régimen, tampoco es más peligroso. En el muy restringido dominio de la significación sexual a través de la vestimenta, turnarse es incluso una tendencia real de la vida contemporánea (en los Estados Unidos) porque las subculturas superpuestas de gays y hombres negros lo han hecho parte de su programa de apropiación de las prerrogativas femeninas de autoobjetificación y exhibicionismo.

Conclusión
Un interés erótico en terminar con el abuso

Como consumidores, hombres y mujeres operamos en el mapa cultural escogiendo entre los distintos tipos de excitación que la cultura nos ofrece. Bajo esta modalidad hacemos algo más que sencillamente registrar sus relaciones personales según el campo social donde nacimos. Participamos lo queramos o no. Pero somos más pasivos que en las modalidades de autocreación, como la fantasía, el juego, la experimentación y la invención. En nuestro estar activos en el mapa, ya sea en público o en privado, buscamos la excitación sexual y también los valores morales y los producimos de esas cuatro maneras o bien los descartamos; no nos limitamos a registrarlos ni a escoger entre una serie de alternativas dadas. Nos guste o no, las vivencias resultantes nos transforman y nosotros mismos a veces transformamos lo que nos rodea.

Fantaseamos, jugamos, experimentamos e inventamos utilizando el repertorio que nuestra cultura nos ofrece. La fantasía y el juego involucran la reversión de las expectativas y las valoraciones sociales y el ingreso imaginario en situaciones que podríamos rehuir en la vida real. La experimentación y la invención no pueden hacer otro tanto a menos que convengan alguna norma. Que todos los repertorios conectados de identidades estereotípicas de género, narrativas arquetípicas y atuendos asociados con las identidades y las narrativas aludan a la práctica del abuso en la vida real es parte del lado oscuro de la cuestión. Puesto que es imposible actuar sin estos repertorios corrompidos, siempre existe el riesgo de que aquello que pensamos que es escapar o animarse a la resistencia en los intersticios esté convirtiéndonos en víctimas o en victimarios.

Para muchas personas, entre las que me incluyo, la relación entre lo que es excitante producir o consumir y lo que es "bueno" es profundamente compleja y problemática. No se reduce a un conflicto inveterado entre un código moral interno y un conjunto de propensiones internas a la excitación. Siempre es difícil determinar si el código que dice "no" o "sí" es "realmente" interno o es una imposición externa, proveniente de una autoridad cuestionable. Puede decirse lo mismo de las acusaciones asociadas con cosas que queremos hacer o que, con idéntica pasión, no queremos hacer. Lo que nos excita siempre está condicionado, expuesto a la crítica de que es una imposición externa, así como los códigos a veces son mero adoctrinamiento.

Más aún: incluso aquello que "realmente" creemos está expuesto a nuestra propia interpretación y reinterpretación. Esto puede ser –como sucede en la redacción de sentencias judiciales– una racionalización ex post, o casuística, o una "evolución de los principios eternos para adaptarlos a las nuevas circunstancias", o lo que entendamos como nuestro crecimiento moral. Lo mismo vale para las acusaciones eróticas. Las aprendemos y las desaprendemos. El abuso, entramado con las imágenes culturales mediante las cuales producimos e interpretamos nuestra sexualidad y la de otros, tiene una importancia mayúscula en esta tarea delicada y riesgosa.

Creo que los hombres y las mujeres podríamos fantasear, jugar, experimentar e innovar más, y *tal vez* con más felicidad, si este peligro fuera menor. Con esto quiero decir específicamente: si hubiera menos incesto y violación y acoso sexual. No quiero decir que habría menos fantasías con estas cosas. Por el contrario, quiero decir que los usos positivos de esas fantasías, tanto por parte de hombres como de mujeres, estarían menos obstaculizados por la culpa y el miedo. El abuso sexual –como las feministas radicales han reiterado muy, muy acertadamente– es un instrumento del terror disciplinario masculino contra las mujeres y –como las feministas radicales han reiterado muy acertadamente– nuestra cultura inculca placer erótico en la dominación masculina de las mujeres en todos los aspectos de la vida.

Estas fantasías –y el juego, la experimentación y la innovación que las utilizan como elementos, incluida la práctica de vestirse sexy– a veces reflejan y reproducen los aspectos más odiosos del trato que los hombres dan a las mujeres dentro del régimen. Pero no son sólo, o en esencia, o siempre políticamente incorrectas. Según Ann Ferguson hay dos maneras de interpretar el reciente crecimiento de la industria pornográfica masculina:

> Una puede verlo como un relativamente benigno "efecto rebote" de la fantasía masculina en relación con la creciente autonomía sexual de las mujeres o bien como un intento de los hombres chauvinistas de objetificar a las mujeres en pos de legitimar los roles de género sadomasoquistas en el sexo heterosexual. A pesar de que no puede probarse cuál de estos dos análisis es el correcto, el código sexual simbólico tal como está presentado en los medios públicos es sin dudas un sitio de disputa.[161]

Por otro lado, la elección no es menos tajante:

> ¿Es verdad que las personas a quienes les encanta el masoquismo en la cama están perpetuando con esa práctica un yo vulnerable en otras áreas de su vida social? ¿O esa persona está apenas descargando un aspecto inconsciente (y posiblemente inmodificable)

de su vida emocional y expurgando así su influencia del resto de su vida? [...]

A pesar de las acaloradas afirmaciones tanto de las proponentes como de las opositoras al sadomasoquismo respecto de que es empoderador o desempoderador para las mujeres que lo practican, no hay ninguna prueba clara de ello.[162]

La insistencia en que la fantasía *tiene que ser* una cosa o la otra, y en que alguien podría probar cuál de las dos es, no es lo único errado en este análisis. Puede que sea una cosa *o* la otra para una determinada persona en un determinado contexto. Puede ser otras cosas también. Podemos mencionar tres del lado del hombre blanco heterosexual, la primera tomada de Scott MacDonald cuando dice que:

> la misma historia cultural que define a las mujeres como Bellas tiene [...] como corolario inevitable la Fealdad de los hombres; las mujeres fueron definidas como bellas precisamente por contraste con los hombres.[163]

> La naturaleza y la función de la pornografía siempre han sido entendidas como una manera de que los hombres lidien de tanto en tanto con el contexto cultural que opera contra su aceptación completa de sí mismos como seres sexuales. Puede parecer que las fantasías que los hombres pagan para vivir en las cabinas y cines porno prediquen ostensiblemente la brutalización de las mujeres. Pero desde la perspectiva masculina, el deseo no es ver a las mujeres lastimadas sino identificarse momentáneamente con hombres que –a pesar de su falta de atractivo personal según las definiciones culturales convencionales, a pesar del tamaño desproporcionado de sus ereccio-

nes, y a pesar de su agresividad con el semen– son adorados por las mujeres con quienes tienen encuentros sexuales.[164]

Segundo, ¿qué puede decirse de la teoría de acuerdo con la cual el masoquismo de los hombres blancos de clase media alta tuvo su auge en los años ochenta, junto con el negocio de las dominatrices de Nueva York, en respuesta al mandato social de comportarse como supermachos mientras trabajaban como Michael Douglas en *Wall Street*?[165] El reverso de esta teoría es que *a veces* las fantasías masculinas de dominar a las mujeres no son un efecto rebote sino una compensación simbólica de los esfuerzos masculinos por cumplir con la demanda ética feminista de que renuncien a su postura de supermachos en relación con las mujeres. Signe Hammer sugirió, hace quince años, una teoría paralela sobre las mujeres: "Nuestra fantasía básica de ser violadas refleja nuestra angustia respecto de autoafirmarnos en todas las áreas: en el trabajo, en el sexo, en las relaciones".[166]

Tercero, muchas narraciones pornográficas de humillación masculina, dominación y abuso de las mujeres se relatan desde una perspectiva femenina (*The Story of O* [*La historia de O*]).[167] Invitan al lector masculino a participar de la conciencia de la víctima, y en particular de su vivencia de un placer sobrecogedor, obliterador del yo cuando se rinde a la voluntad del abusador masculino.

Me parece obvio que *a veces* la meta de estas narraciones es permitirle al lector varón un acceso de segunda mano –distanciado por la combinación del género y la indefensión de la víctima– al placer que podría obtener si se diera por vencido en la lucha por dominar a otros hombres. Placer/resistencia, aunque distorsionado, en un régimen que le inculca que la competencia con otros hombres es su razón de ser y el mayor placer adecuado a su rol. Según esta interpretación, son los hombres y no las mujeres los que pueden fantasear con el placer de rendirse sólo cuando

135

fantasean que son forzados a hacerlo y sólo cuando pueden simular que son ellos mismos quienes se están forzando.[168]

No quiero sugerir que una determinada fantasía (o un determinado atuendo) tengan uno u otro significado para su público porque ese es el significado que "tienen". Por el contrario, mi punto es que los hombres y las mujeres *usan* las fantasías (y los atuendos), restringidos por la esquiva exigencia de algún mínimo "ajuste", en su camino hacia estos diversos placeres imaginarios. En el caso extremo, abolir el abuso sexual de los hombres sobre las mujeres en la vida real reduciría la peligrosidad de esta empresa para ambos al cortar la conexión entre las fantasías de violación y la violación en la vida real, entre las fantasías del incesto y el incesto.

En un mundo como ese algunas personas se aferrarían a aquello que las excita y otras "ampliarían su horizonte". Yo me sentiría más libre para fantasear con el prostituto que hay en mí si no temiera a los proxenetas, pero también para fantasear con el consumidor de prostitutas que hay en mí. Cualquiera sea la dirección que elijamos, la imagen del proceso de cambio en el género de Susan Keller sería más fácil de aceptar:

> Sugiero que no hay una cultura de género pura. En cambio, pienso que todos los artefactos culturales son como las Watts Towers en Los Ángeles, una estructura/escultura incrustada en el medio de Watts y decorada a lo largo de muchos años con diversos objetos de descarte (piezas plásticas de frascos de medicamentos, esquirlas de azulejos, pedazos de baldosas, botellas de Seven-Up). Todo, como las Watts Towers, es una recreación de cosas ya creadas, que a su vez fueron recreadas a partir de cosas ya creadas. Toda posibilidad que exista, y en la que podamos transformarnos, estará, como las Watts Towers, compuesta de desechos, tesoros que se encuentran revolviendo lo que la cultura dominante descarta.[169]

El argumento a favor de un interés erótico masculino en la reducción del abuso de las mujeres es, por lo tanto, bastante complejo. El abuso arruina sexualmente a las mujeres, y eso es malo para los hombres. Las desincentiva a correr riesgos, las disciplina para que no prueben las formas de placer/resistencia que nos permitirían erotizar la autonomía y mitigar el contraste entre el centro cultural blanco heterosexual de clase media y el imaginario de márgenes excitantes pero peligrosos que suelen ser lugares y modos de opresión en la vida real. Y carga las fantasías, el juego, la experimentación y la innovación –tanto de hombres como de mujeres– con preguntas, riesgos, miedos y culpas que nos dejan atrapados en la reproducción del sexo patriarcal. Estar en contra del abuso no es, para los hombres, sólo una cuestión de derechos humanos, de empatía, de proteger a "nuestras" mujeres, de paternalismo romántico o de corrección política, por muy válidos e importantes que puedan ser esos motivos.

Tanto la idea de reducir la violencia para continuar jugando adentro mientras desarrollamos el repertorio como la idea de eliminar el repertorio por completo son vulnerables a la crítica de que, si hubiera más libertad y menos represión, terminaríamos estando peor en los hechos. Seguiríamos teniendo nuestros demonios interiores, y además muchos otros exteriores. No hay manera de ponerse afuera del repertorio. No importa: poder a la imaginación. Cuando Madonna avanza presurosa por el corredor al final del video de *Justify My Love*, riendo para sí misma, sería mejor que no terminara… muerta.

Notas

Introducción

1 Las obras que he vivenciado de esa manera y con las que me siento más en deuda son: Andrea Dworkin, *Intercourse*, Nueva York, Free Press, 1987; *Right-Wing Women*, Nueva York, Perigee Trade, 1982; Shulamith Firestone, *The Dialectic of Sex: The Case for Feminist Revolution*, Nueva York, Farrar, Straus and Giroux, 1970; Robin Morgan, *Going Too Far: The Personal Chronicle of a Feminist*, Nueva York, Random House, 1977; Catharine A. MacKinnon, "Feminism, Marxism, Method, and the State: Toward Feminist Jurisprudence", *Signs*, 8: 635, 1983; Frances Olsen, "Statutory Rape: A Feminist Critique of Rights Analysis", *Tex. L. Rev.*, 63: 387, 1984, y Robin West, "The Difference in Women's Hedonic Lives: A Phenomenological Critique of Feminist Legal Theory", *Wis. Women's L. J.*, 3: 81, 1987. Véase, en general, Robin Linden y otros (eds.), *Against Sadomasochism: A Radical Feminist Analysis*, East Palo Alto, Frog in the Well Press, 1982. Para más referencias, véase capítulo 3. También quiero reconocer el impacto que han tenido sobre mi pensamiento dos artículos de Elizabeth M. Schneider, "Equal Rights to Trial for Women: Sex Bias in the Law of Self-Defense", *Harv. C. R.-C. L. L. Rev.*, 15: 623, 1980, y "Describing and Changing: Women's Self-Defense Work and the Problem of Expert Testimony on Battering", *Women's Rights Law Reporter*, 9: 196, 1986.

2 Véase, en general, Carol Vance (ed.), *Pleasure and Danger: Exploring Female Sexuality*, Londres, Pandora Press, 1983.

3 Jane Gallop, *Thinking through the Body*, Nueva York, Columbia University Press, 1988.

4 Judith Butler, *Gender Trouble: Feminism and the Subversion of Identity*, Nueva York, Routledge, 1990.

5 Mary Joe Frug, *Postmodern Legal Feminism*, Nueva York, Routledge, 1992.

6 Véanse, por ejemplo, Ferdinand De Saussure, *Course in General Linguistics* (Charles Bally y otros, ed., y Roy Harris, trad., 1986); Claude Levi-Strauss, *The Savage Mind*, 1966; Jean Piaget, *Play, Dreams and Imitation in Childhood*, Nueva York, W. W. Norton and Company, Inc, 1962 (C. Gattegno y F. M. Hodgson, trads.).

7 Véanse, por ejemplo, Jacques Derrida, *Of Grammatology*, Londres y Baltimore, The Johns Hopkins University Press, 1976 (Gayatri Spivak, trad.); Michel Foucault, *I The History of Sexuality: An Introduction*, Nueva York, Vintage, 1980 (Robert Hurley, trad.). Sigo los pasos de David Kennedy, "Spring Break", *Tex. L. Rev.*, 63: 1277, 1985.

8 Véase Gary Peller, "Race Consciousness", *Duke L. J.*, 1990: 758, 1990. Algunos otros trabajos incluidos en este volumen de la *New England Law Review* [en el que se publica el artículo que aquí traducimos] que adoptan, me parece, una perspectiva bastante similar a la mía son los de Lama Abu-Odeh, "Post Colonial Feminism and the Veil: Considering the Differences", *New Eng. L. Rev.*, 26: 1527, 1992; Dan Danielsen, "Representing Identities: Legal Treatment of Pregnancy and Homosexuality", *New Eng. L. Rev.*, 26: 1453, 1992; Karen Engle, "Female Subjects of Public International Law: Human Rights and the Exotic Other Female", *New Engl. L. Rev.*, 26: 1509, 1992; Susan Keller, "Powerless to Please: Candida Royalle's Pornography for Women", *New Engl. L. Rev.*, 26: 1297, 1992; y Karl E. Klare, "Power/Dressing: Regulation of Employee Appearance", *New Engl. L. Rev.*, 26: 1395, 1992.

9 Véase Alan D. Freeman, "Legitimizing Racial Discrimination through Anti-Discrimination Law: A Critical Review of Supreme Court Doctrine", *Minn. L. Rev.*, 62: 1049, 1978.

10 Las obras que más me han influenciado son Guido Calabresi, *The Costs or Accidents*, New Haven, Yale University Press, 1970; Richard Posner, *Economic Analysis of Law*, Austin, Aspen Publisher, 1977 (2ª ed.); y Steven Shavell, "Strict Liability versus Negligence", *Legal Stud.*, 9: 1, 1980. El moderno *law and economics* (derecho y economía) y el posestructuralismo tienen un extraño "origen" en común en las conferencias de Walras y de Saussure en la Suiza previa a la Primera Guerra Mundial, el neutral, multicultural "agujero en la rosquilla" de Europa. Puede compararse al efecto Leon Walras, *Elements of Pure Economics*, Boston, Harvard

University Press (William Jaffé, trad., 1954) con De Saussure, ob. cit. Véase Duncan Kennedy, "A Semiotics of Legal Argument", *Syracuse L. Rev.*, 42: 75, 97, 1991.

1. La regulación jurídica del abuso sexual

11 *Abuse Prevention Act*, Mass. Gen. L. Ch. 209A, §§ 1-9, de 1992.

12 Véanse, en general, Oliver Wendell Holmes, Jr., "Privilege, Malice and Intent", *Harv. L. Rev.*, 8: 1, 1894; "The Path of the Law", *Harv. L. Rev.*, 10: 457, 1897. Mi perspectiva también está fuertemente influenciada por Wesley N. Hohfeld, "Fundamental Legal Conceptions as Applied in Judicial Reasoning", *Yale L. J.*, 26: 710, 1917. Véase en general Joseph W. Singer, "The Legal Rights Debate in Analytical Jurisprudence from Bentham to Hohfeld", *Wis. L. Rev.*, 975, 1982.

13 *Equal Employment Opportunity Commission, Guidelines on Discrimination Because of Sex* [Comisión para la Igualdad de Oportunidades de Trabajo, Directivas sobre Discriminación en Razón del Sexo], 29 C. F. R. § 1 604 11, de 1985.

14 En tales casos, desde luego, el abusador varón puede tener que someterse a alguna sanción jurídica distinta de la responsabilidad civil, como el arresto o la prisión preventiva, o a una sanción extrajurídica, como la reacción negativa de un supervisor como resultado de la presentación de una demanda de responsabilidad civil.

15 Las influencias más importantes en este análisis son Robert L. Hale, "Coercion and Distribution in a Supposedly Non-Coercive State", *Pol. Sci. Q.*, 38: 470, 1923, y Robert L. Hale, Bargaining, "Duress and Economic Liberty", *Colum. L. Rev.*, 43: 603, 1943. Véase, en general, Duncan Kennedy, "The Stakes of Law, or Hale and Foucault!", *Legal Stud. F.*, 15: 327, 1991.

2. El conflicto de intereses entre hombres y mujeres con respecto a eliminar el abuso sexual

16 Thomas Wolfe, *The Right Stuff*, 1979 [ed. cast.: *Lo que hay que tener*, Barcelona, Anagrama, 1981].

17 Véanse las obras citadas en el capítulo 3.

18 Véase Robert H. Kornhauser y Lewis Mnookin, "Bargaining in the Shadow of the Law: The Case of Divorce", *Yale L. J.*, 88: 950, 1979.

3. El abuso sexual como disciplina

19 Véase, en general, Linden y otros (eds.), *Against Sadomasochism*, ob. cit.
20 Morgan, *Going Too Far*, ob. cit.
21 Dworkin, *Right-Wing Women*, ob. cit.; *Intercourse*, ob. cit.; *Pornography: Men Possessing Women*, Nueva York, Plume, 1989.
22 Catharine A. MacKinnon, *Feminism Unmodified: Discourses on Life and Law*, Boston, Harvard University Press, 1987; *Sexual Harassment of Working Women: A Case of sex Discrimination*, Nueva Haven, Yale University Press, 1979; *Toward a Feminist Theory of the State*, Boston, Harvard University Press, 1989. Véase, en general, Frances Olsen, "Feminist Theory in Grand Style", *Colum. L. Rev.*, 89: 1147, 1989.
23 Kathleen Barry, *Female Sexual Slavery*, Nueva York, New York University Press, 1979.
24 Diana E. H. Russell, *The Politics of Rape: The Victim's Perspective*, Chelsea, Mi., Scarborogh House, 1975; Diana E. H. Russell, *The Secret Trauma: Incest in the Lives of Girls and Women*, Nueva York, Basic Books, 1986.
25 Mi crítica es la de un hombre blanco heterosexual, pero no quisiera sugerir que esa es la única respuesta posible de esta posición identitaria. Véase John Stoltenberg, *Refusing to Be a Man: Essays on Sex and Justice*, Nueva York, Plume, 1989.
26 Marx, *Capital*, Nueva York, Penguin Classics, 1976 (Ben Fowkes, trad.).
27 Herbert Marcuse, *Eros and Civilization*, Boston, Beacon Press, 1966 (2ª ed.); Wilhelm Reich, *The Mass Psychology of Fascism*, Nueva York, Farrar, Straus and Giroux, 1946. Véase, en general, Paul Robinson, *The Freudian Left: Wilhelm Reich, Geza Roheim, Herbert Marcuse*, Ítaca, NY, Cornell University Press, 1990.
28 Pienso que este pasaje brillante es una de las primeras formulaciones claras de la teoría: "La línea entre la violación y el coito se centra a menudo en alguna medida de la voluntad de la mujer. ¿Pero desde qué lugar podría conocer el derecho la voluntad de la mujer? [...] Las mujeres son socializadas para la receptividad pasiva; pueden no tener o no percibir otra posibilidad más que conformarse; pueden preferir eso antes que arriesgarse al daño y la humillación de una batalla perdida; someterse para sobrevivir. Algunas erotizan la dominación y

la sumisión; eso hace que no se sientan forzadas. Las relaciones sexuales pueden ser profundamente indeseadas –la mujer nunca las habría comenzado– sin que esté presente, no obstante, ningún tipo de fuerza". MacKinnon, "Feminism, Marxism, Method, and the State...", ob. cit., p. 650.

29 Catharine A. MacKinnon, "Desire and Power", en *Feminism Unmodified*, ob. cit., p. 46: "Creo que el deseo sexual en las mujeres, al menos en esta cultura, está socialmente construido como aquello a través de lo cual llegamos a querer nuestra propia aniquilación. Es decir que nuestra subordinación está erotizada en las mujeres y como algo femenino; de hecho, disfrutamos de ella hasta cierto punto, aun si ni de cerca tanto como la disfrutan los hombres. Esto es lo que está en juego para nosotras en este sistema que nos perjudica, en este sistema que nos está matando. Estoy diciendo que la femineidad tal como la conocemos es la manera en que llegamos a querer la dominación masculina, la cual claramente nos perjudica". Ibíd., p. 54. "La brillantez de la objetificación como estrategia de dominación es que logra que la mujer tome la iniciativa en su propia degradación (tener menos libertad es degradante)". Dworkin, *Intercourse*, ob. cit., p. 142.

30 Carol Gilligan, *In a Different Voice: Psychological Theory and Women's Development*, Boston, Harvard University Press, 1982.

31 Véase Isabel Marcus y otros, "Feminist Discourse, Moral Values, and the Law-A Conversation", *Buff. L. Rev.*, 34: 11, 1985. "Tiene sentido que queramos negociar, dado que en los conflictos perdemos. Tiene sentido que queramos promover los valores del cuidado, dado que hemos sido valoradas por ellos". Ibíd., p. 27. "*¿Por qué* las mujeres, más que los hombres, se convierten en estas personas que representan *estos* valores?". Ibíd., p. 74 (declaraciones de Catharine A. MacKinnon); véase también Catharine A. MacKinnon, "Difference and Dominance: On Sex Discrimination", en *Feminism Unmodified*, ob. cit., p. 32. "Las mujeres pensamos en términos relacionales porque nuestra existencia está definida en relación con los hombres. Más aún, cuando no tienes poder no sólo hablas diferente. En muchos casos, no hablas". Ibíd., p. 39.

32 Véase Marcus y otros, ob. cit., p. 74. "Dada la dominación masculina existente, esos valores son una trampa que hay

que sortear". Íd. "La diferencia es el guante de terciopelo que reviste el puño de hierro de la dominación. Esto es así tanto cuando las diferencias se afirman como cuando se niegan, cuando su sustancia se aplaude como cuando es denigrada, cuando las mujeres son castigadas o cuando se las protege en nombre de ellas". Catharine A. MacKinnon, "Introduction", en *Feminism Unmodified*, ob. cit., pp. 1, 8. "Una de las genialidades del sistema bajo el que vivimos es que las estrategias que requiere para sobrevivir día tras día son exactamente las opuestas de las que se necesitan para cambiarlo". Ibíd., p. 16. "Cuando la diferencia significa dominación, tal como sucede con el género, afirmar las diferencias es afirmar las cualidades y las características de la impotencia". MacKinnon, *Feminist Theory*, ob. cit., p. 51.

33 Véanse, por ejemplo, Catharine A. MacKinnon, "Afterword", en *Feminism Unmodified*, ob. cit., pp. 215, 225-226; Dworkin, *Right-Wing Women*, ob. cit., pp. 21 23, 69 ("Las mujeres de derecha ven que adentro del sistema en el que viven no pueden apropiarse de sus propios cuerpos, pero pueden acordar con la propiedad privada masculina: mantenerla uno-a-uno, por así decir").

34 "Por último, la pendencia callejera logra transmitir el mensaje a las chicas y mujeres jóvenes excepcionalmente privilegiadas y protegidas que no aprenden en otra parte la amenaza bajo la que viven. Es un potente recordatorio diario de cómo es el estado de naturaleza fuera de las instituciones protectoras donde se esperará que encapsulen sus vidas". West, ob. cit., p. 106.

35 Dworkin, *Right-Wing Women*, ob. cit., pp. 212-213 ("Así que cada mujer tiene que hacer un trato al menos con uno de los sujetos fuertes para obtener protección; y el trato que ella hace, dado que está basado y originado en su inferioridad, admite la verdad y la inevitabilidad de esa inferioridad"); véase también West, ob. cit., p. 104: "Una de las maneras en que (algunas) mujeres responden al miedo ubicuo, silente, callado e invisible de ser violadas es entregando su ser (sexual) a una relación consensual, protectoria y monógama. Esto está ampliamente negado, pero tal vez está ampliamente negado porque está tan ampliamente presupuesto. Es, después de todo, justo lo que se supone que hagamos".

36 Dworkin, *Intercourse*, ob. cit.

37 Ibíd., pp. 121-143.

38 Ibíd., p. 149.
39 Rosemary Pringle, *Secretaries Talk: Sexuality, Power and Work*, Auckland, Allen & Unwin, 1988, pp. 92, 96.
40 James P. Spradley y Brenda Mann, *The Cocktail Waitress: Woman's Work in a Man's World*, Nueva York, McGraw-Hill Humanites, 1975, pp. 144-148.
41 Véase, por ejemplo, Susan Bixler, *Professional Presence*, Cincinnati, OH, Adams Media, 1991. "Hay también un aspecto de poder. Salir con un superior o con una superestrella de la oficina tiene cierto encanto. Es similar a una estudiante de primer año que sale con un estudiante de último año en la escuela secundaria. A veces es casi una relación de mentor a discípulo, en la que la persona novata aprende de primera mano de un ejecutivo. La persona novata es llevada ante personas bien posicionadas, a lugares exclusivos y a situaciones de alta energía a las que él o ella normalmente no tendría acceso". Ibíd., p. 126. ¿Por qué las palabras "él o ella" en la última oración de esta cita parecen una forma de esquivar el bulto?
42 Véanse Susan Cole, *Pornography and the Sex Crisis*, Toronto, Second Story Press, 1989; Dworkin, *Pornography*, ob. cit.; Catharine A. MacKinnon, "'More than Simply a Magazine': Playboy's Money", en *Feminism Unmodified*, ob. cit., pp. 134, 137-138; "Not a Moral Issue", en *Feminism Unmodified*, ob. cit., pp. 146, 148, 155, 161-162; "Francis Biddle's Sister: Pornography, Civil Rights, and Speech", en *Feminism Unmodified*, ob. cit., pp. 163, 171-172, 181.
43 Véanse Antonio Gramsci, *Selections from the Prison Notebooks*, Nueva York, International Publishers, 1971 (Quintin Hoare y Geoffrey Smith, trads.); Karl Korsch, *Marxism and Philosophy*, Nueva York, Monthly Review Press, 1970 (Fred Halliday, trad.); Georg Lukacs, "Reification and the Consciousness of the Proletariat", en Georg Lukacs, *History and Class Consciousness: Studies in Marxist Dialectics*, Boston, The MIT Press, 1972, p. 83 (Rodney Livingstone, trad.); Jean-Paul Sartre, *The Problem of Method*, Londres, Methuen, 1963 (Hazel Barnes, trad., 1963); véase, en general, Alvin W. Gouldner, *The Two Marxisms: Contradictions and Anomalies in the Development of Theory*, Nueva York, The Seabury Press, 1980. Para un conjunto de referencias al modo en que este debate se ha desenvuelto en la teoría jurídica, véase Duncan Kennedy, "The Role of Law in Economic Thought: Essays on the Fetishism of Commodities", *Am. U. L. Rev.*, 34: 939, 992, n. 58, 1985.

44 Estoy de acuerdo con la manera en que lo formula Butler: "La presunción aquí es que el 'ser' es *un efecto*, un objeto de una investigación genealógica que mapea los parámetros políticos de su construcción como ontología. Afirmar que el género es construido no es afirmar su ilusoriedad o artificialidad, allí donde se entiende que esos términos residen en un binario que contrapone lo 'real' y lo 'auténtico' como opuestos". Butler, *Gender Trouble...*, ob. cit., p. 32. La afirmación de que el género es un efecto no implica soslayar el rol de la fuerza en su construcción: "En tanto estrategia de supervivencia dentro de sistemas obligatorios, el género es una performance con claras consecuencias punitivas. Los géneros discretos son parte de aquello que 'humaniza' a los individuos dentro de la cultura contemporánea; ciertamente, castigamos con regularidad a aquellos que no hacen su género de manera correcta. [...] Las posibilidades históricas materializadas a través de varios estilos corpóreos no son más que esas ficciones culturales punitivamente reguladas corporizadas de otra manera y evitadas por coerción". Ibíd., pp. 139-140.

45 Dworkin, *Right-Wing Women*, ob. cit., pp. 227-231; *Intercourse*, ob. cit., p. 143 ("Por el contrario, las mujeres ocupadas serán colaboradoras, más vulgares en su colaboración que cualquier otro colaborador, sentirán placer con su propia inferioridad, llamarán libertad al coito"); Catharine A. MacKinnon, "On Collaboration", en *Feminism Unmodified*, ob. cit., pp. 198, 205 ("Preserva en alto el valor de las mujeres más excepcionales para mantener a las otras mujeres afuera y abajo y de espaldas con las piernas abiertas").

46 Véase, por ejemplo, Vladimir I. Lenin, *What Is to Be Done?*, Nueva York, Penguin Books, 1988 (Joe Fineberg y George Hanna, trads., 1902).

47 "Que el sexo se sienta bien puede querer decir que una está disfrutando su propia subordinación; no sería la primera vez. O puede querer decir que una ha entrevisto la libertad, un episodio raro y valioso y contradictorio". Catharine A. MacKinnon, "Afterword", en *Feminism Unmodified*, ob. cit., p. 218.

48 Véase Samois (ed.), *Coming to Power: Writings and Graphics on Lesbian S/M*, Boston, Alyson Books, 1982.

49 Nancy Friday, *My Secret Garden: Women's Sexual Fantasies*, Nueva York, Pocket Books, 1973.

50 West, ob. cit., pp. 127, 144.
51 Gorman, "Incest Comes Out of the Dark", *Time*, 7 de octubre de 1991, p. 46.
52 Véanse, por ejemplo, Russell, *The Secret Trauma*, ob. cit., pp. 167-168; Eleanor M. Miller, *Street Woman*, Philadelphia, Temple University Press, 1986, pp. 114-115.
53 Catharine A. MacKinnon, "Privacy v. Equality: Beyond *Roe v. Wade*", en *Feminism Unmodified*, ob. cit., pp. 93, 97.
54 Para una evaluación de la teoría de Catharine MacKinnon sobre "Roe c. Wade", 410 U. S. 113 (1973) que hábilmente traduce la crítica al marxismo estructuralista a la crítica del feminismo radical, véase Rosalind Petchesky, "Abortion as Violence Against Women: A Feminist Critique", *Radical Am.*, 18: 64, 1984.
55 Butler, ob. cit., p. 28.

4. Abuso sexual y vestimenta femenina

56 Véase, en general, Regina Austin, "Black Women, Sisterhood, and the Difference/Deviance Divide", *New Eng. L. Rev.*, 26: 877, 879-885, 1992.
57 Cualquiera, sea hombre o mujer, puede reconocer el signo como el signo del vestirse sexy sin vivenciar al respecto sentimientos sexuales, y sin pensar que es "realmente" sexy, y sin importar si aprueba o desaprueba la práctica de vestirse sexy. En este nivel, de lo único de lo que estamos hablando es de la existencia de un sistema de signos convencional. No hay un vínculo necesario sino sólo un vínculo indirecto y complejo, entre lo que convencionalmente se entiende que "es" vestirse sexy y lo que los hombres y las mujeres sienten en respuesta. La vestimenta puede ser considerada sexy por mucho tiempo sin que produzca la vivencia, o puede producir la vivencia en uno o en muchos hombres sin por ello adquirir un significado social. Por el momento no es necesario establecer el proceso exacto que conecta la vivencia de la vestimenta como excitante que tienen los hombres (algunos) con su categorización como sexy. Avanzaré sobre la presunción de que hay mecanismos, tales como el mercado y la negociación directa entre hombres y mujeres, que le dan formas específicas a esta designación.
58 El análisis presentado en los últimos dos párrafos, que es crucial para el resto del capítulo y el siguiente, está fuertemente influenciado por el trabajo de Tracy Davis sobre los significados sexuales de la vestimenta de las actrices

victorianas y por la semiótica general de la moda de Roland Barthes: "Mientras que la vestimenta funcionaba [en el teatro victoriano] como el signo del género y la sexualidad era el referente de los atuendos reveladores, ciertas piezas de vestuario estaban más cargadas que otras por la lexicografía erótica de la cultura masculina. La vestimenta inextricablemente asociada con una parte 'culpable' del cuerpo se convirtió en el signo icónico de la parte sexual; en otras palabras, se la fetichizó. En opinión de Anthony Storr, un sexólogo, las mujeres usan objetos fetichizados para atraer a los hombres, de manera que 'un fetiche puede, por así decirlo, ser una bandera que la mujer enarbola para proclamar su disponibilidad sexual'". Tracy Davis, *Actresses as Working Women: Their Social Identity in Victorian Culture*, Nueva York, Routledge, 1991, pp. 114-115 (citando a Anthony Storr, *Sexual Deviation*, Nueva York, Penguin Books, 1964, p. 56).

Que un ítem en particular signifique o no una parte del cuerpo y también signifique "disponibilidad" depende del código de vestuario de una cultura particular. Puede significar la parte "culpable" pero no disponibilidad, o viceversa. Que quien usa un ítem de vestimenta fetichizado lo esté usando como una "bandera" para proclamar su disponibilidad sexual es una cuestión de sus intenciones, que no pueden ser inferidas concluyentemente ni de la producción del signo ni de la reacción ante el signo. Véase, en general, Roland Barthes, *The Fashion System*, Los Angeles, University of California Press, 1983 (Matthew Ward y Richard Howard, trads.). Pero me parece que Davis está en lo correcto respecto de que en nuestra cultura los artículos de vestimenta operan como significantes de las partes sexualizadas del cuerpo. Por ejemplo, los sostenes y las bragas tienen la carga erótica (para algunas personas) de lo que significan. Un atuendo que no expone ni el sostén ni los senos puede, por lo tanto, obtener una fuerte carga sexual al *aludir* o *evocar* visualmente el sostén y los senos que significa (suponiendo que algunas personas dentro de la cultura en cuestión eroticen los senos femeninos). Esto será así más allá de cuáles sean las intenciones de la mujer que produce el signo.

59 Suzy Menkes, "Vogue Point of View: The Cutting Edge", *Vogue*, enero de 1992, pp. 103, 110.

60 Sandra de Nicolais, "The Bra... Meant to Be Seen!", *Cosmopolitan*, febrero de 1992, pp. 174-175 ("No seas tímida: ¡es *moda*, no lencería! Y tú *quieres* mostrar un poco de escote").
61 "En la Conferencia sobre 'Las Mujeres en el Derecho' me encontré en el baño de mujeres con una amiga feminista y deslicé el lápiz labial rojo por mi boca con más lentitud que la habitual sólo para disfrutar su espanto, como si yo me estuviera drogando delante de sus ojos" (nombre de la participante reservado).
62 Uno podría apuntar en respuesta que los uniformes que definen la norma en cualquier ámbito dado están poderosamente moldeados por la erotización masculina de la femineidad. A menudo los tacones altos son citados como ejemplo. Estoy de acuerdo con este punto y lo discuto en detalle en el capítulo 5. Pero los tacones altos sólo son un caso de vestimenta sexy, que es el tema aquí, cuando están al menos cerca de estar fuera de lugar o cuando se usan con el propósito específico de significar sexualidad.
63 Véase Butler, ob. cit., pp. 134-141.
64 Lynn Harris, "Behind the Bedroom Door", *Ladies' Home J.*, noviembre de 1991, pp. 114, 119.
65 Julie Hatfield, "Defining Appropriate Dress in the Workplace", *Boston Globe*, 16 de enero de 1992, p. 31.
66 Íd.
67 El siguiente extracto corresponde a un tabloide de supermercado. Es representativo sólo de la posición convencional, dado que a todas luces ha sido reescrito al estilo tabloide y puede que sea una completa invención de un (posiblemente masculino) miembro de la redacción:

"CONFESIONES CÁNDIDAS: Secretos extraordinarios de personas ordinarias.

Una buena picazón fue la mejor venganza contra la bruja de la clase:

El verano pasado un grupo de nosotros, estudiantes de último año de escuela secundaria, hicimos un viaje de campamento de dos días. Estábamos en parejas, con excepción de esta atorranta, Nina.

Durante el año escolar Nina había estado todo el tiempo intentando robarle el novio a alguien, y no se comportó diferente en nuestro pequeño viaje.

La primera noche, mi amiga Donna y yo la descubrimos frotándose contra Mike, el novio de Donna, en un claro en el bosque.

Se lo reprochamos con rabia, pero se nos rio en la cara. Siguió usando esos minishorts sin bragas y un sugerente *bandeau* sin sostén. Y cuando llegaba el momento de ponerse los trajes de baño para nadar, siempre encontraba un arbusto a través del cual podía verse casi perfectamente cómo se cambiaba de ropa.

Después de tres días de esto, el resto de nosotras las chicas nos estábamos poniendo tensas. Las travesuras sexys de Nina tenían a nuestros novios excitados y a punto de explotar. Ella estaba constantemente frotándose contra los chicos o bailando como una stripper con la música de la radio. No había ninguna chica que no tuviera miedo de que su chico se escabullera en el bosque con Nina.

Después, descubrí a mi estable Jeff parado en la orilla del río babeándose mientras Nina se zambullía frente a él... completamente desnuda.

¡Fue la gota que rebalsó el vaso! Esa noche, mientras todos estaban alrededor del fogón del campamento, entré gateando a la carpa de Nina con un montón de roble venenoso. Abrí su bolsa de dormir y desparramé las hojas por todo su interior...

Cherie, 18 años, estudiante en Wake Forest, N. C.". "Big Itch was the Best Revenge on Class Witch", *Globe*, 18 de febrero de 1992, p. 29.

68 Véanse *supra* notas 65 y 66 y el texto que las acompaña.
69 Barbara White, "More Guidelines from the School of Should", *Boston Globe*, 25 de enero de 1992, 22.
70 Wendy Pollack, "Sexual Harassment: Women's Experience v. Legal Definitions", *Harv. Women's L. J.*, 13: 35, 1990.

"¿Qué es provocativo? [...] Siempre que una mujer entraba a la cafetería, especialmente si se trataba de una mujer joven, el lugar enloquecía. [...] Una mujer en particular era el blanco favorito de este comportamiento. [...] Ella vestía los mismos pantalones blancos que vestían todas las demás pintoras. No había nada en su vestimenta o en sus modales que invitara al comportamiento de los hombres. La única causa posible que pude identificar era que ella era rubia. [...] Les pregunté a mis compañeros carpinteros. [...] '¿Qué está pasando aquí?'. Su respuesta fue: 'Ella se lo está buscando. Mira cómo lleva esos pantalones'. Me quedé perplejo. No hace falta aclarar que la aprendiza de pintora no volvió a ir a la cafetería después de eso". Ibíd., p. 57, n. 73.

71 Margaret T. Gordon y Stephanie Riger, *The Female Fear: The Social Cost of Rape* 6, 1991: "Muchas personas saben muy poco acerca del delito [de violación] excepto por los mitos que abundan en nuestra cultura Algunos de los más comunes son: [...] Los hombres decentes son espoleados a violar por la vestimenta o el comportamiento de las mujeres". Ibíd. El relato de Hatfield en el *Boston Globe* también incluía lo siguiente: "'La vestimenta es un factor casi irrelevante en esos ataques', dice Phillip Resnick, un psiquiatra forense que es profesor en la Case Western Reserve Medical School en Cleveland. 'Los violadores dicen que ellos deciden que van a salir a violar esa noche, y eligen a la víctima principalmente sobre la base de las oportunidades que se les presentan: ¿la mujer está sola? ¿la calle está oscura?'". Hatfield, ob. cit., p. 31. "*Mito*: 'La mujer se lo está buscando: se viste de una manera tentadora'. Esta es una conclusión habitual que saca el acosador. También es una racionalización que promueve el acoso y retarda las soluciones. Aunque hay casos individuales en sentido contrario, los limitados estudios existentes no brindan apoyo a la conclusión de que el estilo de vestimenta de una mujer puede promover el 'ella se lo buscó'". Louis B. Hart y J. David Dalke, *The Sexes at Work: Improving Work Relation Ships between Men and Women*, Nueva York, Prentice Hall Trade, 1983, p. 77 (citas omitidas). En contra, "Meritor Sav. Bank, FSB c. Vinson", 477 U. S. 57, 69, 1986.

72 Gordon y Riger, ob. cit., p. 17.

73 Probablemente *Working Woman* está intentando identificar acusados "tradicionalistas" cuando incluye la siguiente pregunta en su encuesta: "El acoso sexual en *tu* oficina... 2. Aquí van algunas afirmaciones generales sobre el acoso sexual. ¿Estás de acuerdo o en desacuerdo con lo siguiente?... (b) Las mujeres atraen los problemas de acoso al vestirse y actuar provocativamente". "Sexual Harassment in Your Office: The Working Woman Survey", *Working Woman*, febrero de 1992, p. 14.

74 Janice Zazinski, "On the Clothes Women Wear to Work", *Boston Globe*, 25 de enero de 1992, p. 22.

75 Leslie Martinich, "Link Between Dress and Harassment? No", *Boston Globe*, 25 de enero de 1992, p. 22: "Bien podría ser el caso que haya un vínculo entre la vestimenta que se considera provocativa y los delitos sexuales de los hombres, tal como sugieren las encuestas citadas por

Julie Hatfield, pero ese vínculo ocurre en las mentes de los perpetradores, no en las de las víctimas. ¿Por qué las mujeres deberían seguir haciéndose responsables de la acciones de los hombres?".

76 Robin West, "Authority, Autonomy and Choice: The Role of Consent in the Moral and Political Visions of Franz Kafka and Richard Posner", *Harv. L. Rev.*, 99: 384, 1985; Mark Kelman, "Choice and Utility", *Wis. L. Rev.*, 1979: 769.

77 West, ob. cit., pp. 90-111 ("I. Liberal Feminism: Consent, Autonomy and the Giving Self").

78 Gallop, ob. cit.: "El *Coloquio de Poesía* representaba el mundo en el que, como estudiante de posgrado, yo había intentado tener éxito. Era la única oradora feminista en el coloquio. [...] Al escribir este artículo, intenté hacer que fuera posible hablar allí donde estaban hablando los hombres, a pesar de mi cuerpo, pero también en mi cuerpo. Dado que yo sentía mi inhabilidad para trascender el cuerpo, en el que las mujeres estaban atrapadas, tenía que idear una manera en la que el cuerpo ya fuera 'poético', es decir, que perteneciera al ámbito de la alta teoría literaria al que yo aspiraba. [...] Me vestí de una manera apropiada para la concepción del cuerpo como estilo, como sexualidad estilizada. Me puse tacos aguja, pantis con costura, un vestido negro ajustado de los años cuarenta y un gran sombrero negro. Estaba vestida como una mujer, pero como otra mujer. Si mi discurso señalaba una identificación con una mujer de otro lugar, mis ropas señalaban una identificación con una mujer de otro tiempo. Estaba en rol. Mi vestimenta atraía atención hacia mi cuerpo pero al mismo tiempo lo estilizaba, creando un cuerpo estilizado, lo que en el artículo llamé una poiesis del cuerpo. La correspondencia entre el artículo y el look, el texto y la performance, se articuló inconscientemente, y funcionó". Ibíd., p. 92.

79 Butler, ob. cit.: "No se debe considerar al género como una identidad estable o como el locus de una agencia de la que resultan variados actos; por el contrario, el género es una identidad constituida tenuemente en el tiempo, instituida en el espacio exterior a través de una *estilizada repetición de actos*. El efecto del género se produce a través de la estilización del cuerpo y, por ende, debe ser considerado como la manera mundana en la que los gestos corporales, los movimientos y los diversos estilos constituyen la ilusión de un

sujeto generizado estable [...]. La distinción entre expresión y performatividad es crucial. Si los atributos y los actos de género, es decir, las diversas maneras en las que un cuerpo muestra o produce su significado cultural, son performativas, entonces no hay una identidad preexistente con la que pueda medirse un acto o un atributo; no habría actos de género verdaderos o falsos, reales o distorsionados, y la postulación de una identidad de género verdadera se revelaría como una ficción regulatoria". Ibíd., pp. 140-141.

80 La norma que prohíbe vestirse demasiado sexy es una norma sobre dónde y cuándo, antes que una pura prohibición de un tipo de vestimenta. Las sanciones contra las mujeres que violan la norma mantienen las "esferas" separadas. El relajamiento de las sanciones por el código de vestimenta podría cambiar a ambos lados, y acaso reducir, la carga sexual que hoy se asocia con los contrastes entre los diversos ámbitos (la calle durante el día y durante la noche, set de filmación y oficina de atrás, cocina y *boudoir*, etc.). Las consecuencias para aquellos que obtienen placer con el contraste, y para aquellos que tienen intereses ideológicos en ello, serían complejas y de largo alcance.

81 West, ob. cit., p. 90.

82 Marabelle Morgan, *The Total Woman*, Nueva York, Pocket Books, 1975 (brillantemente analizado en Dworkin, *Right-Wing Women*, ob. cit., pp. 13-37).

83 *Pleasure and Danger*, ob. cit.

84 Consideren los bares con strippers masculinos o las fiestas con casting de lencería a la manera de las *tupperware parties*. Barbara Ehrenreich y otros, *Re-Making Love: The Feminization of Sex*, Garden City, NY, Anchor Prees/Doubledays, pp. 134-160, 1986.

85 Véanse, en general, *Against Sadomasochism*, ob. cit.; Sheila Jeffreys, *Anticlimax: A Feminist Perspective on the Sexual Revolution*, Nueva York, New York University Press, 1990.

86 Kay L. Hagan, "Orchids in the Arctic. The Predicament of Women Who Love Men", *Ms.*, noviembre-diciembre de 1991, p. 31.

87 Íd. Otro ejemplo: "Si la sexualidad se construye socialmente, cambia y puede ser cambiada. [...] Por supuesto, un proceso semejante lleva tiempo, pero la postura del constructivismo social nos da acceso a la posibilidad de transformación, incluida la responsabilidad de dar cuenta de

nuestra propia sexualidad". Michael S. Kimmel, "Introduction: Guilty Pleasures-Pornography in Men's Lives", en Michael S. Kimmel (ed.), *Men Confront Pornography*, 1: 6, 1991.
88 Butler, ob. cit., p. 147.
89 Marny Hall, "Ex-Therapy to Sex-Therapy: Notes from the Margins", en Charles Silverstein (ed.), *Gays, Lesbians, and Their Therapists: Studies in Psychotherapy*, pp. 84, 91, 1991.

5. El abuso y la resistencia en el lenguaje de la vestimenta sexy

90 Esto es lo que Roland Barthes, en su horriblemente abstracta semiótica de la moda, llama el "código de vestuario real", distinguiéndolo del "código de vestuario escrito" en el discurso de la moda. Barthes, *The Fashion System*, ob. cit., pp. 34-35. En lo que sigue, utilizo el código escrito como evidencia del código real.
91 Molly Haskell, "Mad about the Boys: Big Screen Femmes Fatales Reflect Our Deepest Desires", *Lear's*, enero de 1992, p. 100.
92 "The Romance Report", *Ladies' Home J.*, febrero de 1992, pp. 118, 120, 121. "¡La lencería de encaje atrevida –rosada o roja– los pone a todos *bien dispuestos*!". Andrea P. Lynn, "Pour on the Passion! A Valentine's Eve Seduction", *Cosmopolitan*, febrero de 1992, pp. 184, 187. "Supe que se había terminado cuando [...] escuché que mi amiga Erin, que estaba enamorada de mi novio, lo llevó con ella a comprar lencería el día en que me fui de vacaciones". Sue Campbell, "I Knew It Was Love When... I Knew It Was over When", *Glamour*, 12 de febrero de 1992, pp. 154, 155.
93 Las prácticas cotidianas de vestimenta, en particular las propias de las subculturas analizadas en el capítulo 4, responden a, pero también *influyen sobre*, las "imágenes de género en los medios" descriptas en lo que sigue: [...] Hay una manera importante en la que las imágenes de género de los medios se han convertido en algo esencial para la sexualidad heterosexual. Dado que la familia nuclear patriarcal capitalista ha dejado paso a un montón de formas familiares alternativas, se requiere otra base material para perpetuar la "mascarada" heterosexual de la atracción innata entre hombres y mujeres. Dado que los contenidos del deseo heterosexual se aprenden socialmente y ya no hay una familia patriarcal hegemónica que provea el contenido de la masculinidad y

la feminidad, tiene que haber algún otro espacio social que enseñe a varones y féminas lo que el sexo opuesto desea de ellas. Así, la moda y las imágenes mediáticas, que antes eran meros perpetuadores de imágenes generadas por la familia patriarcal, se han convertido en un espacio social semiautónomo donde se construye el deseo sexista y heterosexista. Ann Ferguson, *Blood at the Root: Motherhood, Sexuality and Male Dominance*, Ontario, Pandora Press, 1989, p. 118. Este es el nivel de la connotación o "retórica" en la semiótica de Barthes. Véase Barthes, *The Fashion System*, ob. cit.

94 En su impacto sobre su "público", vestirse en análogo es análogo a hacer películas: "Así, la propia subjetividad generizada no sólo está implicada, tal como es, en el encuentro del espectador con la película, sino que también es construida, reafirmada o desafiada, desplazada o corrida, en cada proceso de ver la película". Teresa De Lauretis, *Technologies of Gender: Essays on Theory, Film, and Fiction*, Bloomington, Indiana University Press, 1987, p. 96.

95 Íd.: "Si el género es una representación sujeta a una codificación social e ideológica, no puede haber una relación unidimensional entre la imagen de la mujer inscripta en la película y su espectadora mujer. Por el contrario, la lectura que la espectadora hace de la película (incluidas las reacciones interpretativas y afectivas, las estrategias cognitivas y emocionales) está mediada por su vida en, y su vivencia de, un universo particular de discurso y prácticas sociales cotidianas. Así, por ejemplo, la crítica feminista ha mostrado que las lecturas que surgen de una consciencia políticamente radical u oposicional pueden alterar significativamente la interpretación y los efectos de la representación fílmica, como asimismo la autorrepresentación de la espectadora, y pueden contribuir a cambiar los significados sociales y en última instancia los códigos de representación propiamente dichos".

96 Christine Gorman, "Sizing Up the Sexes", *Time*, 20 de enero de 1992, pp. 42, 42, 44.

97 Esta teoría ayuda a explicar el significado erótico –para los hombres– del portaligas: el portaligas es a las medias can-can lo que la falda es a los pantalones.

98 Woody Hochswender, "A Man's-Eye View of the Long Skirt", *N. Y. Times Mag.*, 12 de enero de 1992, p. 38.

99 Este enfoque se basa en la analogía entre la vestimenta y otros tipos de performances: "No hace mucho tiempo la

sexualidad ha sido teorizada como un cifrado (producido socialmente, no inherente), históricamente particular y fuertemente permeado por las preocupaciones del momento. [...] La sexualidad ejerce una fuerte influencia en la interpretación, y según apunta Annette Kuhn 'los significados no residen en imágenes [...] circulan entre la representación, el espectador y la formación social'. La habilidad de los espectadores para leer indecencia en la aparición de la actriz [victoriana] sobre el escenario –para escandalizar la femineidad idealizada– requiere conocimiento del contexto de referencia de la topografía erótica femenina. [...] Este lexicón puede ser redescubierto, permitiendo que el texto de la performance visual sea leído a través de sus códigos históricos. [...] Es imposible determinar si el teatro proveyó visiones que devinieron eróticas en el contexto de la pornografía, o si el teatro utilizó motivos ya infundidos de sexualidad. [...] Lo importante es que debido a la existencia de este vasto cuerpo de literatura que documenta, justifica e implementa las ficciones eróticas asociadas con las actrices, es imposible afirmar que las actrices estaban en control de todos los signos que emitían. No importa cuán escrupulosa fuera su conducta como ciudadanas privadas, las actrices no tenían autoridad ni control sobre su producción pública de signos a través de las formas en que cubrían su cuerpo, de los gestos y de las relaciones espaciales alojadas en una fuente separada pero simbióticamente dependiente". Davis, ob. cit., pp. 106-108 (citando a Annetre Kuhn, *The Power of the Image: Essays on Representation and Sexuality*, Nueva York, Routledge, 1985, p. 6). La misma idea puede emplearse para interpretar las representaciones de las mujeres: "[La práctica de arrastrar monjas desnudas por el suelo durante la Revolución Francesa] constituía una humillación pública política y religiosa. Pero cuando se la traducía al ámbito visual ingresaba en el dominio de lo sexual y de lo pornográfico, implicado en la imagen por el seno expuesto de una mujer del mercado arrastrando a una monja. Las nalgas eran retratadas como el locus del deseo en trabajos que van del *The Remedy* de Watteau [...] a las ilustraciones de la literatura pornográfica. [...] Dentro de este contexto, las publicaciones políticas que se centraban en las nalgas de las monjas, por ejemplo, pueden ubicarse en una cadena de comportamiento e

imaginario erótico que se enfoca tanto en la flagelación como en lo erótico". Vivian Cameron, "Political Exposures: Sexuality and Caricature in the French Revolution", en Lynn Hunt (ed.), *Eroticism and the Body Politic*, Philadelphia, University of Pennsylvania Press, 1991, pp. 90, 94.
100 Véase el texto que acompaña *infra* la nota 141.
101 Davis, ob. cit.: "Al liberar el torso de las ballenas que lo mantenían rígido, los vestidos también significaron una negativa al sufrimiento y a la quietud; la mente bien disciplinada y los sentimientos bien regulados que se asociaban con el encaje tieso dejaron paso a connotaciones de moral floja y virtud fácil, que a su vez impulsaron las interpretaciones equivocadas de la accesibilidad y la disponibilidad sexual de las mujeres favorecidas por los hombres". Ibíd., p. 109 (nota al pie de página omitida).
102 Roger Trilling, "The New Face of Feminism", *Details*, febrero de 1992, p. 75.
103 Consideren el encuentro de Laura Dern con Diamond Tooth en *Wild at Heart* [*Corazón savaje*] (Polygram/Propaganda Films 1990).
104 Michel Foucault, "Nietzsche, Genealogy, History", en Donald F. Bouchard (ed.), *Language, Countermemory, Practice: Selected Essays and Interviews*, Ítaca, NY, Cornell University Press, 1977 (Donald F. Bouchard y Sherry Simon, trads.).
105 Beth Wolfensberger, "Destination Romance", *Boston*, febrero de 1992, pp. 40, 72: "¿Vulgar o sexy? Los hombres, según los vendedores, prefieren las cosas negras, las cosas rojas, las cosas transparentes, los portaligas y los sostenes *push-up*. [...] Estos son artículos que las mujeres rara vez compran por sí mismas en tanto la mayoría de ellas no tiene interés en lucir como una prostituta cuando se desviste en el gimnasio. Hay un tiempo y un lugar para estas prendas, pero si te preocupa estar enviando el mensaje equivocado, mejor sigue con los tonos pasteles, con cualquier cosa de seda y simple, o viste piezas largas".
106 Giacomo Casanova, *The Memoirs of Jacques Casanova*, Nueva York, The Modern Library, 1929.
107 Davis, ob. cit., pp. 78-86.
108 Frank Harris, *My Life and Loves*, Amherst, NY, Prometheus Books, 1963.
109 John Cleland, *Memoirs of a Woman of Pleasure*, Nueva York, Putnam, 1963.

110 Pauline Reage, *Story of O*, Nueva York, Grove Press, 1965 (Sabine d'Estree, trad.).
111 *Scorpio Rising* (1964).
112 Selby, Jr., *Last Exit to Brooklyn*, Nueva York, Grove Press, 1964.
113 Pamela Des Barres, *I'm with the Band*, Chicago, Review Press, 1987.
114 Por ejemplo, Pat Califia, *Doc and Fluff*, Boston, Alyson Publishers, 1990.
115 Mark Seliger, "Heavy Metal Nation", *Rolling Stone*, 19 de septiembre de 1991, pp. 51-52.
116 "Great Style", *Elle*, enero de 1992, pp. 18, 20.
117 Maureen Orth, "Kaiser Karl: Behind the Mask", *Vanity Fair*, febrero de 1992, p. 116: "Así le responde Lagerfeld a los críticos que dicen que su trabajo reciente para Chanel –que toma muchos elementos de las prostitutas y los buscavidas callejeros del centro tanto como de los debutantes en la droga de los suburbios, en camisetas y faldas de tul de bailarina– es vulgar. [...] ¿Tal vez ustedes están deseando esas botas de motociclista de Chanel de mil dólares? – réplicas exactas, excepción hecha de la marca Chanel, de la versión de setenta dólares que él tomó del look de los chicos sadomasoquistas en los 'bares de cuero' de hace quince años. Pero en la cabeza de Lagerfeld ya están fuera de circulación". Ibíd., p. 157.
118 *Mandingo* (Paramount Pictures Corp., 1979).
119 Véanse, en general, Patricia H. Collins, *Black Feminist Thought: Knowledge, Consciousness, and The Politics of Empowerment*, Nueva York, Routledge, 1991, pp. 77-78, 166-179; Bell Hooks, *Black Looks: Race and Representation*, Cambridge, Mass., South End Press, 1992, pp. 61-77. ¿Por qué no está allí la conexión fuerte entre los estereotipos sexuales de los blancos respecto de las mujeres negras y la vestimenta que existe para los otros?
120 Harris, ob. cit., p. 119.
121 Véase Davis, ob. cit., pp. 108-136.
122 Grace Metalious, *Peyton Place* (1956).
123 Susan Bordo, "Material Girl", en *The Female Body: Figures, Styles, Speculations*, pp. 106, 127-129 (Laurence Goldstein ed., 1991).
124 Ibíd., pp. 128.
125 Íd.

126 Ibíd., p. 118.
127 *París, Texas* (Twentieth-Century Fox, 1984).
128 Phillip Roth, *Portnoy's Complaint*, Nueva York, Random House, 1969.
129 David Steinberg, "The Roots of Pornography", en *Men Confront Pornography*, ob. cit.: "Creo que estas cuestiones –la escasez sexual, el deseo de ser apreciado y la reciprocidad del deseo, y el miedo de ser sexualmente indeseable– son las fuerzas centrales que llevan a los hombres a la pornografía. Mientras que el imaginario violento, de acuerdo con varias estimaciones, da cuenta sólo del 3 al 8% de toda la pornografía, las imágenes alusivas a la escasez, la lujuria femenina y la expresión femenina de la deseabilidad masculina dan cuenta de por lo menos el 75% de la imaginería porno. [...] Por último, pienso que es importante reconocer que la pornografía brinda una válvula de escape inofensiva para la furia sexual básica que muchos hombres tienen adentro, nos guste o no. Esta es la furia que lamentablemente se descarga contra ciertas mujeres a través de la violación y otros delitos sexuales. No se irá de la psiquis social, con pornografía o sin pornografía". Ibíd., pp. 54, 55-56, 57.
130 Scott MacDonald, "Confessions of a Feminist Porn Watcher", en *Men Confront Pornography*, ob. cit., pp. 34, 35.
131 Véase, por ejemplo, el largometraje *Street Smart* [*El reportero de la calle 42*] (Cannon Group, 1987).
132 "Great Style", ob. cit., p. 18.
133 *The Blue Angel* [*El ángel azul*] (Ufa, 1930).
134 Linda Wolfe, *The Professor and the Prostitute* [*El profesor y la prostituta*], Boston, Houghton Mifflin Company, 1986.
135 *Something Wild* (Orion Pictures Corp., 1986).
136 Catherine Texier, *Panic Blood*, Nueva York, Viking, 1990, p. 14. En la siguiente descripción sólo tenemos los accesorios, con la galera cumpliendo el rol de la motocicleta en la cita de *Elle*, *supra* el texto que acompaña la nota 116. Pero hay una respuesta para la pregunta estúpida:
"La galera en que iba sentada, resplandeciente como un trono,
parecía arder sobre el agua. La popa era de oro batido;
las velas, de púrpura, y tan perfumadas,
que se dijera que los vientos languidecían de amor por ellas;
los remos, que eran de plata, acordaban sus golpes
al son de flautas

y forzaban al agua que batían a seguir más a prisa, como enamorada de ellos.
En cuanto a la persona misma de Cleopatra, hacía pobre toda descripción.
Reclinada en su pabellón, hecho de brocado de oro, excedía a la pintura de esa Venus, donde vemos, sin embargo, a la imaginación sobrepujar la naturaleza. [...]
De la embarcación se escapa invisible un perfume extraño, que embriaga los sentidos del malecón adyacente.
La ciudad envía su población entera a su encuentro,
y Antonio queda solo, sentado en su trono, en la plaza pública, silbando al aire". William Shakespeare, *Antonio y Cleopatra*, acto 2, esc. 2 (Jenaro Talens, trad.).

137 "El erotismo sigue siendo ambiguo: es a un mismo tiempo el campo del dominio de los hombres sobre las mujeres y, como ya lo vio Rousseau, el campo del dominio de las mujeres sobre los hombres"". Lynn Hunt, "Introduction", en *Eroticism and the Body Politic*, ob. cit., pp. 1, 12.

138 Haskell, ob. cit., p. 100.

139 Pero véase ibíd., p. 91: "A pesar de su aparente locura por los hombres, la mujer de los hombres que nos gusta, y aquellas que sobreviven, son en última instancia mujeres con las que nos identificamos y con las que sentimos una especie de parentesco. Son apasionadas, son emocionalmente intensas: no podemos quitarles los ojos de encima y ellas imperan en la pantalla. No son modelos tontas o chicas de calendario con miradas vacías y labios húmedos sino mujeres con una conciencia innata de lo que están haciendo. Son individuos, pero también son arquetipos. Y lo admitan o no, por encima del hombro nos miran a nosotras, que somos su competencia, sus hermanas. En nuestra imaginación, vivimos juntas. Ellas son nuestras *doppelgängers*, nuestra otra mitad". Ibíd., p. 98.

140 Menkes, ob. cit., p. 110.

141 Hooks, ob. cit., p. 160.

142 Pascal Bruckner, "Airbrush Dreams: A French Toast to American T & A", *Learis*, enero de 1992, pp. 65, 66-67.

143 Lynn Minton, "What We Care About: A Fresh Voices Report", *Parade*, 26 de enero de 1992, pp. 4, 5.

144 Hatfield, ob. cit., p. 31.

145 Dalma Heyn, "The Intelligent Woman's Guide to Sex: Sex is not Enough", *Mademoiselle*, febrero de 1992, pp. 46, 48.

146 Anne M. Wagner, "Rodin's Reputation, en Eroticism and the Body Politic", ob. cit., p. 191, 235-236.

147 Ibíd., p. 235.

148 Ibíd., p. 230.

149 Ibíd., pp. 235-236.

150 Sobre las diversas interpretaciones de la femineidad como mascarada, véase Mary Ann Doane, "Femmes Fatales: Feminism, Film Theory", *Psychoanalysis* 25-26, 37-39, 1991; Butler, ob. cit., pp. 46-54.

151 Butler, ob. cit.: "Si la verdad interior del género es algo fabricado y si un género de verdad es una fantasía instituida e inscripta en la superficie de los cuerpos, luego parece que los géneros no pueden ser ni verdaderos ni falsos, sino solamente producidos como efectos de verdad de un discurso sobre la identidad primaria y estable". Ibíd., p. 136.

152 He sostenido más arriba que esto puede suceder porque la mujer viste ropas cuyo mensaje de disponibilidad erótica es contradicho por las normas bien entendidas del ámbito, de manera que ella no está ni disponible ni indisponible, sino que es autónoma (hombre) y al mismo tiempo repositorio del poder del cuerpo (mujer). Esto puede ser un ejemplo de aquello de lo que Judith Butler habla en este pasaje: "En el lugar de la sexualidad 'masculinamente identificable' en la que el 'hombre' es la causa y el irreductible significado de esa sexualidad, podemos desarrollar una noción de sexualidad construida en términos de relaciones fálicas de poder que repita y redistribuya las posibilidades de ese falicismo precisamente a través de la operación subversiva de 'identificaciones' que son, dentro del campo de fuerza de la sexualidad, inevitables. [...] Si no hay un repudio radical hacia una sexualidad culturalmente construida, lo que resta es la cuestión de cómo reconocer y cómo 'hacer' la construcción dentro de la que una invariablemente está. ¿Hay formas de repetición que no sean mera imitación, reproducción y, por tanto, consolidación del derecho [...]?". Butler, ob. cit., pp. 30-31. "Si las ficciones reguladoras del sexo y del género son también la sede de múltiples discusiones sobre el significado, entonces la multiplicidad de su construcción se resiste a la posibilidad de una disrupción de su postura unívoca". Ibíd., p. 32.

153 De Lauretis, ob. cit., p. 99: "Tanto en términos visuales como narrativos, el cine define a la mujer como imagen: un espectáculo para ser mirado y un objeto para ser deseado,

investigado, buscado, controlado y en última instancia poseído por un sujeto que es masculino, es decir, simbólicamente hombre". Íd.
154 Véase *Against Sadomasochism*, ob. cit., *passim*; véase también Sandra L. Bartky, *Femininity and Domination: Studies in the Phenomenology of Oppression*, Nueva York, Routledge, 1990: "El derecho, defendido férreamente por los liberales, a desear lo que queramos y a quien queramos y, bajo ciertas circunstancias, a actuar de acuerdo con nuestros deseos, no es el problema aquí; el punto es que las mujeres estaríamos mejor si aprendiéramos cuándo abstenernos de ejercer ese derecho. El feminismo propone un completo reajuste del deseo: deberíamos intercambiar la fantasía de que estamos abrumadas por Rhett Butler por la fantasía en que tomamos el poder del Estado y lo reeducamos. […] Samois, en efecto, le aconseja a P. que ignore en su propia vida un principio general con el que, como feminista, ella está comprometida y al que por lo tanto está obligada a representar para todas las otras mujeres: el principio de que nosotras luchamos para descolonizar nuestra sexualidad eliminando de nuestras mentes las formas internalizadas de opresión que nos vuelven fáciles de controlar". Ibíd., p. 51.
155 Butler, ob. cit., p. 30.
156 Robin Morgan, "Metaphysical Feminism", en *Going Too Far*, ob. cit., pp. 290, 301.
157 Ibíd., p. 232.
158 Ibíd., p. 237 (énfasis añadido).
159 Ibíd., p. 235.
160 Susan E. Keller, "Review Essay: Justify My Love", *W. ST. U. L. Rev.*, 18: 463, 1990: "El video de Madonna [*Justify my Love*] corre el riesgo de reforzar los estereotipos de poder masculino precisamente porque muestra que las mujeres alcanzan ese poder sólo vistiéndose de hombres, y de enseñar antes que revelar el significado alternativo del epígrafe final: que puede derivarse placer de la violación. Es un riesgo necesario, sin embargo, si queremos desafiar las presunciones del género". Ibíd., p. 468.

Conclusión
161 Ferguson, ob. cit., p. 116 (citas omitidas).
162 Ibíd., p. 215.
163 MacDonald, ob. cit., p. 40.

164 Ibíd., p. 41. Agrega: "En [algunos] casos la fantasía reside en castigar a las mujeres resistentes por su revulsión. Por supuesto, los castigos –habitualmente alguna forma de violación– a menudo terminan en que la mujer de fantasía descubre que tiene una voracidad insaciable por lo que sea que le hayan hecho. Este frecuente giro radical parece no ser sino una nueva confirmación del mito estúpido y brutal de que la mujer pide ser violada o disfruta de serlo, pero –con lo tristemente irónico que parece– también puede ser una evidencia de que, en última instancia, los hombres no tienen la intención de lastimar a las mujeres o no desean tenerla: su fantasía es que las mujeres acepten la naturaleza biológica masculina. Siempre he pensado que el porno y la violación *son* parte del mismo problema general, aunque considero que el porno ofrece una válvula de escape para parte de la furia engendrada por los sentimientos de inferioridad estética de los hombres, y no que funciona como combustible para aumentarla. Pero sólo estoy hablando desde mi experiencia personal. Rara vez he tenido ocasión de hablar con franqueza sobre estas cuestiones con hombres que usan porno". Ibíd., p. 42 (nota al pie omitida).

165 *Wall Street* (Twentieth-Century Fox, 1987).

166 Signe Hammer, "The Rape Fantasies of Women: Up from Disrepute", *Village Voice*, 5 de abril de 1976, p. 11, citado en Robin Morgan, "The Politics of Sado-Masochistic Fantasies", en *Going Too Far*, ob. cit., pp. 227, 230, n. 1. Morgan comenta: "Provoca [...] el alarmante pensamiento de que las mujeres asertivas en general y las feministas en particular pueden ser las presas preferidas de esos dispositivos de autocastigo culturalmente implantados". Íd. Pero me parece desacertado considerar que esos "dispositivos" son "de autocastigo". El autocastigo está en la culpa por la propia fantasía, que es placentera, ya sea que tenga como uno de sus componentes castigar o ser castigado.

167 Reage, ob. cit.

168 A mi juicio, el trabajo más claramente inspirado por esa idea es la trilogía de A. N. Roquelaure [Ann Rice], *The Claiming of Sleeping Beauty, Beauty's Punishment* y *Beauty's Release*, publicada originalmente por E. P. Dutton-Plume (Nueva York). Para otra versión de la idea, véase Jessica Benjamin, *The Bonds of Love*, Nueva York, Pantheon, 1988, pp. 51-84.

169 Keller, ob. cit., p. 468 (citas omitidas).